人類飛行的故事

附帶介紹各種航空器郵票

孫 正 明 著

藍海文化事業股份有限公司
Blue Ocean Educational Service INC

■ 國家圖書館出版品預行編目（CIP）資料

人類飛行的故事：附帶介紹各種航空器郵票／孫正明 著

--初版.--高雄市：藍海文化事業股份有限公司, 2022.04

面； 公分

ISBN 978-986-06041-6-0（平裝）

1.CST: 航空史 2.CST: 飛行器 3.CST: 郵票

557.99 111004146

人類飛行的故事：附帶介紹各種航空器郵票

初版一刷・2022 年 4 月

作 者	孫正明		
編 輯	沈志翰		
發 行 人	楊宏文		
總 編 輯	蔡國彬		
出 版 者	藍海文化事業股份有限公司		
地 址	80252 高雄市苓雅區五福一路 57 號 2 樓之 2		
電 話	07-2265267	傳 真	07-2264697
網 址	www.liwen.com.tw	電子信箱	liwen@liwen.com.tw
劃撥帳號	41423894	購書專線	07-2265267 轉 236
臺北分公司	100003 台北市中正區重慶南路一段 57 號 10 樓之 12		
電 話	02-29222396	傳 真	02-29220464
法律顧問	林廷隆律師	電 話	02-29658212

ISBN：978-986-06041-6-0

Blue Ocean 藍海文化事業股份有限公司
Blue Ocean Educational Service INC

定價：新臺幣 300 元

目　　錄

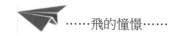

第一章　想飛的願望終於獲得實現

一、飛的憧憬

1. 希臘神話故事中的飛行

　　飛上天空是人類自古以來的願望,這個願望可以說和人類的歷史一樣久遠。想想看,如果人類受到野獸的追趕攻擊,千鈞一髮爬到樹上躲避的同時,心中必定想著「如果能夠像飛鳥一般飛到天空中該有多好…」,於是人類就產生了飛天的意念。

　　這種想飛的願望,從羨慕飛鳥能夠自由飛翔開始產生,而實現這個飛天願望的方法,也和模仿飛鳥的飛行有很大的關聯。這種說法有一些相當有力的證據:從埃及、希臘、波斯等古國挖掘出來幾千年前的古物中,或是在民間流傳的傳說中,有許多是在人類的肩膀或手臂上綁裝和鳥類的翅膀一樣羽翅的神像圖形。在希臘神話故事中,戴達洛斯(Daedalus)與伊卡路斯(Icarus)以羽毛黏貼而成的翅膀飛離孤島的故事,就是其中最具有人類嚮往飛行意念的一個。相傳戴達洛斯是一位手藝極為優異的工匠,他的工藝好到甚至連克雷特(Crete)王米諾斯(Minos)也要他製造一個能夠困住牛頭人身怪獸米諾土爾(Minotour)的迷宮。可是後來由於戴達洛斯招惹米諾斯王的不悅,反而被米諾斯王把他和他的兒子伊卡路斯囚禁在戴達洛斯自己設計的迷宮之中。於是他發揮了創造發明的天分,製造了兩副能夠裝在手臂上的翅膀,準備飛離克雷特島。出發之前,雖然戴達洛斯一再告誡他的兒子不要飛得太高,以免過分接近太陽而使黏貼羽毛的蠟溶化,可是血氣方剛的伊卡路斯眼看就要飛離被囚禁的地方,竟然忘了父親的叮嚀,高興得越飛越高,以致黏貼羽毛的蠟受熱溶化,羽毛脫落而使他墜海身亡;戴達洛斯則如願飛離克雷特島,安然抵達義大利本土。

2. 現代「戴達洛斯」的壯舉

　　時間的巨輪從遠古的神話時代轉到二十世紀後半的科技時代，人類已經在 1903 年發明了飛機，飛機也逐漸茁壯成為世界上的主要交通工具。可是許多人為了瞭解只靠「人」的體力究竟能不能飛得起來，或者究竟能夠飛多久飛多遠，於是有些研究機構，或是大學的航空科系等紛紛成立「人力飛行研究小組」，設計製作出各種輕巧而能夠只靠人的力量飛行的人力飛機，進行各種飛行試驗。這些研究小組中比較有名的有：由日本的日本大學教授木村秀政博士指導，理工學部的學生們組成的「人力飛行研究小組」，以及由美國加利福尼亞州保羅‧麥克雷迪(Paul B. MacCready)博士率領的航空環境公司「人力飛行研究小組」等。他們製作的人力飛機創下的記錄有：1977 年 1 月，日本大學理工學部「人力飛行研究小組」製作的「鸛」(Stork)號人力飛機，創下直線飛行 2,093.9 公尺的記錄。1977 年 8 月 23 日，由保羅‧麥克雷迪博士設計監製的「輕飄的禿鷹」(Gossamer Condor)號人力飛機，首先完成了在相距半英里的兩枝標桿間，以 10 英尺以上的高度作 8 字飛行，因而贏得了英國的實業家亨利‧克雷瑪(Henry Kremer)提供設立的五萬英鎊「克雷瑪獎」。一年十個月之後的 1979 年 6 月 12 日，同樣由麥克雷迪博士設計監製的「輕飄的信天翁」(Gossamer Albatross)號人力飛機，由自行車好手布萊安‧艾倫(Bryan Allen)踩踏駕馭，從英國東南端海邊的佛克斯登起飛，經過 2 小時 49 分有如長距離自行車競賽般令人疲憊不堪的踩踏，並且和海峽上空的強風搏鬥之後，終於平安降落在英吉利海峽對岸，距離英國 22.5 英里(等於 36.21 公里)遠的法國格里斯內岬附近的海灘上，再度贏得了由亨利‧克雷瑪提供設立的十五萬英鎊「新克雷瑪獎」。如今，人力飛行的研究已經從高峰下降退燒，不過相信這些記錄必定也會成

 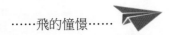

為航空史上永遠被人傳頌的美談。

　　為了證明人類有能力以本身的體力作長距離飛行，一架由美國麻省理工學院的人力飛行研究小組設計製造，並且被命名為「戴達洛斯」的人力飛機，在 1988 年 4 月 28 日，依照戴達洛斯飛離克雷特島的行程作了一次模仿神話故事的越海飛行。這一架翼展 34 公尺，總重僅有 31 公斤，形狀有如水蜻蜓的人力飛機，由曾經獲得十四次希臘自行車競賽冠軍的希臘青年卡內洛斯・卡內羅普洛斯 (Kanellos Kanellopoulos)，以踩踏自行車踏板帶動螺旋槳獲得動力的方式，在當天清晨 7 點 3 分自克雷特島起飛，經過 3 小時 55 分與海上的強風搏鬥、揮汗如雨幾乎使"引擎"(卡內羅普洛斯自稱)虛脫叫停的鐵人競賽式連續踩踏之後，終於飛到距離克雷特島 115.9 公里(相當於從台北到苗栗

在前導艇的引導以及監護艇的護衛下，"戴達洛斯"號人力飛機奮勇飛往 115.9 公里遠的山多琳島。

三義的距離)的山多琳(Santorin)島海邊。由於突然吹起一陣強風,「戴達洛斯」號人力飛機失去控制而墜落在僅離山多琳島幾公尺之遙的海灘上。這一次的飛行雖然未能如願在陸地上安然降落,但是至少也算達成了模仿戴達洛斯以人類本身的力量飛離克雷特島的願望,在航空史上,無疑的也是一件值得永遠留傳的佳話。

3. 關聯郵票介紹

以戴達洛斯與伊卡路斯飛行的故事作為題材的郵票,比較早期的有:匈牙利於 1924 年 4 月 11 日及 20 日發行一套 6 枚,面額各為100、500、1000、2000、5000、10000 克羅納的航空郵票,是以飛翔中的伊卡路斯為圖案(圖 1-1);瑞士也在 1924 年間發行一套 3 枚,面額 65 分、70 分、1 法郎的航空郵票,圖案為展翅飛升中的伊卡路斯(圖 1-2);加拿大在 1935 年 6 月 1 日發行面額 6 分的航空郵票 1 枚(圖 1-3),以及希臘於 1935 年 11 月 10 日發行面額 5 勒普塔的航空郵票 1 枚(圖 1-4),後者的原畫描繪了戴達洛斯在飛行前,仔細為愛子伊卡路斯綁裝翅膀的情形,父子情深,躍然呈現在郵票上。

此外,為了彰顯巴西籍航空先驅山多斯•杜蒙(Santos Dumont)於二十世紀初葉在巴黎製作飛船及飛機試飛成功,巴西曾

圖 1-1

圖 1-2

圖 1-3

圖 1-4

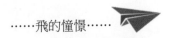

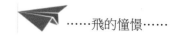

分別於 1933 年 10 月 1 日、1934 年 4 月 15 日及 1959 年 10 月 21
日發行了面額 100r、200r、3.30Cr，以豎立在巴黎西郊的山多斯‧
杜蒙紀念碑--伊卡路斯雕像為圖案的紀念郵票各 1 枚(圖 1-5、圖 1-6
及圖 1-7)。1956 年 5 月 3 日，西德聯邦郵政西柏林郵區為紀念德國
的航空先驅奧圖‧李連塔爾(Otto Lilienthal)，曾經發行了面額 25 芬
尼的郵票 1 枚,圖案採用豎立於西柏林近郊李連塔爾紀念碑上的伊卡
路斯雕像(圖 1-8)。

　　1970 年 6 月 10 日，位於非洲中西部的加彭共和國發行了一套 3
枚的航空郵票，其中面額 25 法郎的 1 枚是以伊卡路斯的故事為圖案
(圖 1-9)；1985 年 5 月 26 日，開克斯島為了紀念國際民航組織成立
四十週年，曾經發行一套 3 枚加小全張 1 枚的紀念郵票，其中小全
張也是以伊卡路斯的故事為圖案(如本書封面附圖)。前述的郵票及小
全張都繪有在熾熱的太陽照射下，伊卡路斯手臂上的羽毛脫落，身體
即將下墜的情形，是兩張相當傳神的郵票。此外,尼加拉瓜曾於 1978
年 9 月 29 日，為紀念萊特兄弟動力飛行成功七十五週年而發行了一

圖 1-5

圖 1-6

圖 1-7

圖 1-8

圖 1-9

套 6 枚加小全張 1 枚,以航空的發展為主題的紀念郵票,其中面額 1
分的 1 枚也是以伊卡路斯的飛行為圖案(圖 1-10)。位於南美洲東北部
的蘇利南,也曾於 1978 年 12 月 13 日發行了一套 4 枚的紀念郵票,
其中面額 20 分者(圖 1-11)圖案繪有戴達洛斯為兒子伊卡路斯裝設翅
膀的情形。1984 年間,加彭共和國、坦桑尼亞與安吉拉為紀念國際
民航組織成立四十週年,曾分別發行了一套 1 枚,一套 4 枚加小全
張 1 枚,及一套 3 枚加小全張 1 枚的紀念郵票,這些郵票中的 1 枚
都採用了畫家漢斯・艾姆魯繪製的伊卡路斯圖案(圖 1-12)。值得玩味
的是,前述這些郵票多數都以伊卡路斯為主題,而不以戴達洛斯為主
角,所選的對象似乎有點喧賓奪主的意味;或許是這些郵票的設計者
都比較同情墜海而亡的悲劇性人物的緣故吧!

圖 1-10

圖 1-11

圖 1-12

二、達文西的飛行器

1. 天才達文西的設計

　　從神話時代開始的人類的飛行夢,在科技文明尚未萌芽之前,也
曾經歷了一段很長的黑暗時期。在一些北歐國家以及英格蘭等地的古

老傳記中，都能看到所謂的"鳥人"或"跳塔人"等的記述。這些對自己的臂力具有信心，甚或自認具有異於常人能耐的人，肩扛自製的翅膀，或是穿著奇異的羽毛衣服，嘗試從山崖或高塔頂跳下。在沒有任何根據科技理論製作的助飛器物協助下，他們面對的當然只有墜地重傷成為殘廢，甚或傷重而亡的命運。

飛上天空雖然是許多人的夢想，可是實現飛天卻必須依賴相當高度的技術。在科技依然混沌的時代，飛天仍然是人類遙不可及的夢想而已。而在科技進步的腳步中，即使偶然出現一位天才，能夠想出某些極不平凡的構想，可是由於把它付諸實現所需的技術基礎仍嫌不足，因此這些構想也只能停留在構想的階段中。義大利文藝復興時期的天才--雷奧納多‧達文西(Leonardo da Vinci，1452-1519)在人類實現飛天願望的努力中所表現的也正是如此。達文西不僅是以繪作「耶穌最後的晚餐」及「蒙娜麗莎的微笑」等不朽名畫而成為舉世聞名的大藝術家，作為一位學者，他在物理學、化學、植物學、解剖學等學術領域中，也都留下了足可稱為先驅者的偉大功績。此外，作為一位技術者，他在土木工程方面的獨到見解，以及有關飛行器的構思等，也都充分發揮了他的驚人天分。可是，即使像他這樣偉大的天才，他所構思的飛行器也只能停滯在構思描繪及模型製作的階段。在當時的科技背景下，要做到載人升空當然是不可能的事情，即連飛行器模型的飛行也都未能實現。

達文西設計的飛行器有兩種：一種是由觀察鳥類的飛行而構思繪製的拍撲飛行器(圖 2-1)，另一種則是利用螺旋原理設計的直升旋轉翼。在大多數人只會思考如何模仿鳥類飛行的時代，達文西居然能夠想到有如現今的直昇機一般以旋轉螺旋翼升上天空的方法，實在是一件了不起的創見。此外，他所繪製的圖形也極為優美，日本的全日本

空輸公司就曾
以他所繪製的
直升旋轉翼為
標誌，把它畫在
該公司客機機
群的垂直尾翼
上(如圖 2-2，不
過該公司已從

圖 2-1 達文西設計的拍撲飛行器示意圖

1982 年 12 月起，不再使用這種直升
旋轉翼作為該公司的飛機識別標誌)。

2. 關聯郵票介紹

　　已經發行有關達文西郵票的國家
相當多，其中以阿爾巴尼亞於 1969 年
4 月 20 日為紀念達文西逝世四百五十
年而發行，以達文西的自畫像(圖 2-3)
及包括直升旋轉翼(圖 2-4)等繪畫為圖

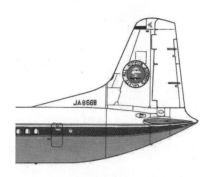

圖 2-2

案，全套 5 枚加小全張 1 枚的郵票最為精美。除此之外，當然以義
大利發行的最多；比較早期的有 1932 年 3 月 14 日，為紀念國家但
丁科學會成立而發行的全套 7 枚航空郵票。7 枚中面額 50 分及
7.70+2 里拉的是以達文西所設計的拍撲飛行器為圖案(圖 2-5)，面額
1、3、5、10+25 里拉的則以達文西的肖像，右上角繪有他所設計的
飛行器為圖案(圖 2-6)；同年 8 月 6 日發行面額 100 里拉的高額郵票
(圖 2-7)中，記載了達文西在他的筆記中留下的一段話：「人類以他的
巨大翼翅在空氣拍撲時，能夠把他自己推升到空氣中」。這一段話雖
然過分高估了人類的臂力，但是卻也為人類總有一天能夠飛上天空作

了明確的預言。1938 年 10 月 28 日，獨裁者墨索里尼宣佈改制帝國，義大利發行了全套 16 枚的紀念及航空郵票，其中面額 50 分、2 里拉及 5 里拉者，除了繪有達文西的肖像外，郵票的右上角也繪有拍撲飛行器的設計圖(圖 2-8)。

　　義大利以外的國家中，巴拉圭曾於 1966 年 7 月 11 日以義大利在太空研究方面的貢獻為主題，發行了一套 8 枚的郵票，其中面額 15c 及 18.15g 者，圖案繪有達文西的側面像及拍撲飛行器(圖 2-9)。1970 年 5 月 11 日，位於非洲的尼日共和國曾經以航空及太空研究的先驅為主題發行了一套 5 枚的郵票，其中面額 250 法郎者繪有達

圖 2-3

圖 2-4

圖 2-5

圖 2-6

圖 2-7

圖 2-8

文西設計的飛行翼翅(圖 2-10)。1970 年 6 月 10 日,同樣位於非洲的加彭共和國也發行了一套 3 枚的航空郵票,其中面額 100 法郎者繪有以達文西的拍撲飛行器飛行的示意圖(圖 2-11)。1985 年 2 月 21 日,土克斯與開克斯群島為了紀念國際民航組織成立四十週年,曾經以航空先驅與發明家為主題發行了一套 4 枚加小全張 1 枚的紀念郵票,其中面額 8 分的 1 枚(圖 2-12)繪有以達文西的肖像及他所設計的拍撲飛行器翼翅。此外,德意志民主共和國(原東德)為了彰顯 1991 年李連塔爾航空郵票展,曾經在 1990 年 2 月 20 日發行了一套 4 枚的郵票,其中面額 20 芬尼者(圖 2-13)繪有達文西設計的拍撲飛行器及翼翅的設計圖。1992 年 4 月 15 日,柬埔寨為了紀念達文西誕生五百四十週年,曾經發行了一套 5 枚加小全張 1 枚的郵票,其中面

圖 2-9

圖 2-11

圖 2-10

圖 2-12

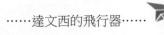

……達文西的飛行器……

額 1000 里拉的小全張(圖 2-14)繪有達文西的肖像及以拍撲飛行器飛行的示意圖。

　　至於達文西繪製的直升旋轉翼，除了前述阿爾巴尼亞面額 40q 的郵票(圖 2-4)外，中歐小國列支登斯頓曾經於 1948 年間發行了一套 10 枚的郵票，其中面額 10rp 者(圖 2-15)圖案繪有達文西的肖像，右上角繪有直升旋轉翼。另一個歐洲的古老小國聖瑪利諾，曾經於 1977 年 6 月 6 日為紀念恩利可‧佛拉尼尼試驗直升飛行器 100 週年

圖 2-13

圖 2-14

圖 2-15

圖 2-16

圖 2-17

發行了一枚郵票。這一枚面額 120 里拉、繪有直升旋轉翼的郵票(圖 2-16)，也是相當具有代表性的一枚。1977 年 12 月 23 日，位於東非的索馬利亞為了紀念國際民航組織成立三十週年，曾經發行了一套 4 枚加小全張 1 枚的郵票，其中面額 1 先令者(圖 2-17)繪有在天空中飛翔的直升旋轉翼。

三、人類最早的升空

1. 首先以熱氣球飛上天空

　　擺脫航空技術發展過程中的長久低迷期，人類終於在 1783 年達成了飛上天空的願望。不過這個願望的達成，不是以模仿鳥類飛行而設計的拍撲飛行器，也不是依靠達文西所構思的直升螺旋翼，而是把熱空氣裝入袋子裡，以熱空氣比普通空氣輕所產生的浮力使袋子升空的極為原始的方式達成的。促成這一項升空的是住在法國里昂附近一處名叫阿諾尼鎮，出生於富裕家庭的約瑟夫・蒙哥菲爾(Joseph M. Montgolfier，1740-1810)和雅各・蒙哥菲爾(Jaques E. Montgolfier，1745-1799)兄弟兩人。

　　哥哥約瑟夫繼承及經營父親遺留下來的造紙工廠，弟弟雅各則是一位建築師。從小，他們就對科學及數學具有濃厚的興趣，對於人類飛上天空的可能性也極為關心。在一次偶然的機會中，他們發現了火爐裡的紙張隨著火焰及上升的熱氣向上飄飛，於是他們以布製的袋子，裡頭裝入燃燒麥稈及羊毛等產生的熱氣做了許多實驗。1783 年 6 月 4 日，他們以一具直徑 33 公尺的巨大熱氣球進行不載任何東西的升空實驗，結果這一具熱氣球成功地飛上 2,000 公尺的高空。這是

歷史上人類第一次以自己思考的方法，把自己製造的東西送上天空的記錄。

這一項對人類飛行的可能性邁出一大步的成果，在即使資訊並不十分發達的當時也立即傳到了巴黎。得悉蒙哥菲爾兄弟將要進行熱氣球載人飛行試驗的消息，法國科學院立即建議他們應該把這一項劃時代的試驗移往巴黎進行。於是兄弟兩人從善如流，把活動的舞台從鄉下移到當時的科技學術重鎮巴黎。他們的試驗受到法國科學院的重視和肯定，因此由國王路易十六授與貴族的封號，並且被認命為科學院的會員。

1783 年 9 月 19 日，他們在巴黎的試驗熱熱鬧鬧地展開。在現今仍然留存著當年榮華高貴風貌的凡爾賽宮前庭廣場，在國王路易十六、瑪麗‧安特瓦奈王妃以及眾多王侯貴族的注視下，載有一頭羊、一隻雞和一隻鴨子的熱氣球，在近衛軍施放的隆隆砲聲中緩緩上升。這一具氣球大約飛行了 8 分鐘之後平安降落地面，三隻動物也安然無恙。這一次試驗的成功，更加強了兄弟兩人進行載人飛行的信心。

兩個月之後，人類最初的空中之旅終於實現。1783 年 11 月 21 日，首次載人升空的試驗在巴黎近郊的靜默之堡(Chateau La Muette)前庭的廣場舉行。他們選用過去所造的氣球中最大的 4 號氣球，下方懸掛著足可站立兩個人的吊籃，兩位勇敢的年輕人比拉特‧德羅傑(Jean-Francois Pilatre de Rozier，1754-1785)和達爾蘭德侯爵(The Marquis d'Arlander)自告奮勇擔任試飛的乘客。下午 1 點 45 分，這一具外形華麗的熱氣球在那些王侯伯爵及圍觀民眾的歡呼聲中升起，不一會兒就升到大約 950 公尺的高度。由於西風的吹送，氣球在 25 分鐘之內飄飛了大約 8 公里的距離，然後平安降落地面。此處雖然說是平安降落，可是落地之後，尾隨在氣球後面欣喜若狂的群

眾，把從天而降的德羅傑和達爾蘭德兩人團團圍住，還把他們所穿的衣服撕成碎片當作紀念品，使得他們落荒而逃，狼狽不已。

2. 遲了 83 天的氫氣球升空

　　人類最早的升空雖然已經落幕，並由蒙哥菲爾兄弟拔得頭籌，可是當時仍然還有一項試驗正在進行。在氣球發明的過程中，一位法國的年輕化學家雅各‧察祿魯(Jaques A. C. Charles，1746-1823)教授，也以使用氫氣充製的氣球和蒙哥菲爾兄弟爭取第一個升空的榮銜。不過或許是他的運氣欠佳，他所製作的不載人氫氣球的升空比蒙哥菲爾兄弟遲了 83 天。而察祿魯自己和羅培特(Marie-Noel Robert)乘坐的載人氣球飛行也在 1783 年 12 月 1 日完成，僅以十天之差喪失了人類首次升空的榮譽。可是以性能和實用性而言，裝有氫氣的氣球要比熱氣球好很多，而且後來，氫氣球事實上也成了氣球和飛船的主力；可是由於僅僅十天之差，如今察祿魯之名不僅遠不如蒙哥菲爾兄弟一般被大眾所熟悉，他的氫氣球也較少被人採用作為郵票的圖案。

3. 關聯郵票介紹

　　有關以蒙哥菲爾兄弟及人類首次升空的事蹟為題材的郵票已經發行相當多，不過早期發行的卻很少見。最早以蒙哥菲爾熱氣球為圖案的當推法國於 1936 年 6 月 4 日所發行，面額 75 桑其姆的郵票(圖3-1)，不過這一枚郵票並不是為了紀念熱氣球的首飛，而是為了紀念首飛時的搭乘者比拉特‧德羅傑逝世 150 週年而發行的。德羅傑獲得了人類首度升空的搭乘者榮銜之後，又想創造首次以氣球飛越英吉利海峽的記錄。他製作了一具在氫氣球的下方懸吊一具熱氣球的組合式氣球(如圖3-2，波蘭 1981 年 3 月 25 日發行，一套 6 枚加小全張1 枚中之 1 枚)。由於氫氣球能夠產生的浮力較大，而熱氣球可以用

氣球內的空氣溫度控制它產生的浮力，把這兩種氣球的特點組合起來，或許就是他想要藉以完成這一項壯舉的獨特創見。可是在容易爆炸的氫氣球下面燃燒柴火簡直就像在汽油桶旁邊燒飯一樣危險。果不其然，1783 年 6 月 15 日，他和他的同伴朱魯・羅曼(Jules Romain)駕馭這一具組合式氣球飛向英國途中，由於熱氣球的火燄引燃氫氣球漏出的氫氣而發生爆炸，這位歷史上第一個飛上天空的比拉特・德羅傑和羅曼兩人也就成了航空史上最早因為飛行失事而犧牲生命的人。這張郵票上除了繪有他的側面像之外，遠處繪有他首飛時的蒙哥菲爾熱氣球。

其後，在許多和航空發展史有關的郵票中，蒙哥菲爾熱氣球以歷史上最早的航空器時常受到各國的採用。尤其，1983 年適逢蒙哥菲爾熱氣球升空兩百週年紀念，全世界約有八十幾個國家或地區都發行了這百年僅有一次的紀念郵票，因此以蒙哥菲爾熱氣球為圖案的郵票幾乎已經到了難以計數的地步。這裡僅選擇幾枚具有代表性，設計和印刷都很精美的郵票加以說明。

圖
3-1

圖
3-3

圖 3-2

15

　　首先介紹的是有關蒙哥菲爾兄弟在 1783 年 6 月 4 日試驗，不載任何東西飛升的熱氣球的郵票。這一具氣球首先出現在郵票上的是 1970 年 5 月 11 日，尼日共和國以航空及太空研究的先驅為主題發行的一套 5 枚郵票，其中面額 100 法郎(圖 3-3)的一枚就是以這一具熱氣球為圖案。在發行 1983 年人類升空兩百週年紀念郵票的國家或地區中，採用這一具熱氣球為圖案的有中非共和國、古巴、法屬南方及南極地區、利比亞及上伏塔(已於 1984 年更改國名為布吉納‧法索)等，其中以中非共和國的(圖 3-4)和上伏塔的(圖 3-5)較為精美。

　　1783 年 9 月 19 日，蒙哥菲爾兄弟把一頭綿羊、一隻雞及一隻鴨關在籠子裡，由一具稱為「尚勇」(Le Martial)號的熱氣球進行升

圖
3-4

圖 3-6

圖
3-5

圖
3-7

空試驗。在人類升空兩百週年紀念郵票中，採用這一具熱氣球為圖案的有查德、朝鮮人民民主共和國(北韓)、盧安達、蘇利南及土克斯與開克斯群島等。此處僅介紹查德(圖 3-6)及蘇利南(圖 3-7)所發行的。

　　接下來介紹的是 1783 年 11 月 21 日，載有比拉特‧德羅傑和達爾蘭德侯爵升空飄遊的熱氣球。這一具外形華麗的熱氣球是許多氣球及飛船郵票喜歡採用的熱門圖案，此處介紹兩種早期發行的。位於西非的馬利共和國於 1969 年 3 月 10 日發行一套 3 枚郵票，其中面額 50 法郎者(圖 3-8)就是以這一具熱氣球為圖案。同樣位於西非的加彭共和國曾於 1973 年 5 月 3 日發行一套 6 枚的郵票，其中面額 1 法郎的(圖 3-9)也是以這一具熱氣球為圖案。而以人類升空兩百週年紀念為主題的郵票中，總共有 42 個國家或地區採用了這一具熱氣球為圖案，此處僅介紹三種比較具有代表性的。當事國法國於 1983 年 3 月

圖 3-8

圖 3-9

圖 3-10

17

19 日發行了一套 2 枚的連刷郵票(圖 3-10)，其中面額 2 法郎者是以這一具熱氣球為圖案，面額 3 法郎者是以僅以十天之差喪失第一個升空榮銜的察祿魯氫氣球為圖案；這兩張連刷郵票還連著一張印有人類升空兩百週年字樣的附票。位於非洲東南方海中的島國馬拉加西曾於 1983 年 7 月 20 日，發行了一套 1 枚面額 500 法郎的小全張(圖 3-11)，是以人類首次升空熱氣球為圖案。位於南美洲的巴拉圭也曾於同年 2 月 25 日及 10 月 19 日發行了一套 3 枚加小全張 3 枚的郵票，其中面額 5g 的郵票(圖 3-12)也是以蒙哥菲爾熱氣球為圖案。

　　最後介紹的是察祿魯於 1783 年 12 月 1 日試飛的氫氣球。除了前述法國的連刷郵票(圖 3-10)外，總共有 18 個國家或地區選用了這一具氫氣球作為人類升空兩百週年紀念郵票的圖案。其中位於非洲的

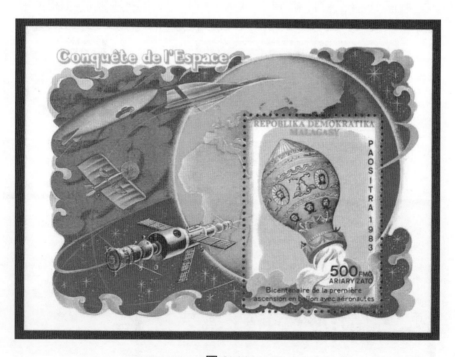

圖 3-11

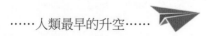
……人類最早的升空……

象牙海岸及茅利塔尼亞回教共和國分別於 1983 年 4 月 2 日及 1982
年 12 月 29 發行了一套紀念郵票，象牙海岸的面額 125 法郎者(圖
3-13)及茅利塔尼亞面額 18um 者(圖 3-14)，就是以這一具氫氣球為
圖案。

圖
3-12

圖
3-13

圖 3-14

《附一》紀念人類升空兩百週年餘波盪漾

　　「飛上天空」是人類千百年來的願望。為了達成這一項願望，人類不知道付出了多少心力和代價。因此，1783 年 11 月 23 日，法國蒙哥菲爾兄弟(Joseph Montgolfier，Jaques Montgolfier)製作的熱氣球首次完成載人飛上天空的心願，在歷史上來說，實在是一件非常重要的事情。為了紀念人類首次升空兩百週年，世界各國都曾舉行了相當盛大的慶祝活動，本刊(註：「中國的空軍」月刊)也曾於民國七十二年十一月號出刊慶祝人類升空兩百週年的專輯，刊出許多和這一項事蹟有關的文章。身為當事者的法國當然也不例外；首先，法國的航空博物館製作了一具蒙哥菲爾氣球的複製品，由兩位氣球專家駕馭，在巴黎上空飛翔，大肆宣傳一番。1983 年 6 月 27 日，來自九個國家的十九具氣球和它的駕馭者齊集巴黎的康柯德廣場，參加由法國航空俱樂部主辦的氣球飛翔比賽。可惜由於天氣非常惡劣，與賽者的成績都不十分理想。更不幸的是兩位駕馭氣球的老將，美國的麥西‧安德生(Maxie Anderson)和唐‧伊達(Don Ida)也在德國境內失事喪生。這一位安德生先生也就是 1978 年 8 月間和另外兩個美國人，以「雙鷹Ⅱ號」(Double EagleⅡ)氦氣球創下首次以氣球飛越大西洋的名氣球飛行家。1983 年 12 月號的國家地理雜誌曾經為這一項慶祝活動作了極為詳盡的報導，同年 12 月 5 日的聯合報萬象版上，也曾刊出黃驤先生節譯自該項報導的文章。

　　如此重大的事蹟，各國的郵政機構當然不會輕易放過。尤其許多靠發行郵票增加國庫收入的小國更不會錯過這百年僅有一次的大好機會，紛紛發行郵票賺取外匯。1982 年 5 月間，引發英國和阿根廷間海空大戰的福克蘭群島，以及 1983 年 10 月間，美國為了阻止共黨古巴在那裏坐大，遽然派兵登陸，引起全世界注目的格瑞那達島，

有感於發行一套實在不過癮,竟然分別以福克蘭群島和福克蘭島屬地,以及格瑞那達島和格瑞那達附屬群島的名義,各自發行一套。因為兩百週年是個大節日,而且這些郵票多以真正愛好集郵,以及以收集航空專題郵票的人士為對象,因此面額都相當高,收集起來花費也相當驚人。可喜的是這些郵票的印刷都相當精美,並且都以航空史上著名的氣球、飛船或是飛機為圖案,圖案的設計也比 1977 年間各國發行的林白飛越大西洋五十週年紀念郵票那種粗劣的圖案,不知好上多少倍,因此極具收藏價值,也很受集郵者的喜愛。

　　據說全世界共有六十幾個國家或地區發行了這種人類升空兩百週年的紀念郵票。目前在台灣買得到的約僅其中的四十種,新票的價格大約每套新台幣 50 元到 650 元之間。此外,以舉行摩托車大賽聞名的英屬曼島(Isle of Man,也有人譯為男人島)也發行了全套四枚的紀念幣。

　　在這些郵票或小全張中,以庫克島、斐濟、薩摩亞以及獅子山國等的最具代表性和趣味性。庫克島位於赤道以南的南太平洋中,他們發行的這一套郵票和小全張,是以 1783 年到 1850 年間的早期氣球為圖案(22 頁圖一),印刷極為精美。郵票上的 Cook Islands 兩個字以及小全張的外框均以金色印刷,看起來高貴華麗,令人愛不釋手,不過它的價格也是最高貴的一種。斐濟島的郵票全套六枚,以航空史上最具代表性的蒙哥菲爾熱氣球、萊特(Wright)兄弟的「飛行者」(Flyer)、道格拉斯 DC-3 型客機、狄哈維蘭「彗星」(Comet)式客機、波音 747 巨無霸客機,以及美國的太空梭「哥倫比亞」(Columbia)號為圖案(23 頁圖二)。同樣位於南太平洋的薩摩亞群島只發行了一張 11.4 公分寬、21.5 公分長的大型小全張,或許他們和道格拉斯公司特別有交情,小全張印的是 DC-1 到 DC-10 十種道格拉斯公司製造

的商用客機(24 頁圖三)。其中比較值得一提的是，僅只出廠 11 架，高翼雙螺旋槳引擎，可以搭載 22 名乘客的 DC-5 型客機(圖三上排右一)。這一型客機於 1939 年 2 月首飛，由於性能不很理想，總共只造了 11 架。除了美國陸、海軍之外，只有荷蘭皇家航空公司(KLM)

圖一

使用過；和其他的 DC 型客機相較，DC-5 可以說是最不得志，最鮮
為人知的一型了。獅子山國位於非洲西岸，他們發行的這一套郵票以
具有特別意義的氣球和飛船為圖案，計有：蒙哥菲爾的熱氣球、1897
年德國試飛的早期飛船、1926 年飛探北極遇難的 N-1「諾爾給」
(Norge)號飛船，以及飛翔於獅子山國自由鎮(Free town)的熱氣球等
四種。小全張則以一種外形怪異，被稱為「二十一世紀的飛船」(Airship
of the 21st Century)的航空器為圖案(25 頁圖四)。我們都知道，飛船
是在 1930 年代盛極而衰之後銷聲匿跡的，可是誰又能保證到二十一
世紀時，它不會再度興起，恢復往日的盛況呢！

圖二

……紀念人類升空兩百週年餘波盪漾……

圖三

　　至於曼島發行的一套 4 枚紀念鎳幣(26 頁圖五)，面額各為一克朗(Crown)，正面均為伊麗莎白二世女王的側面半身像，反面分別以 1783 年的蒙哥菲爾熱氣球，1903 年的萊特「飛行者」，1941 年的古羅斯塔·惠特魯 (Gloster Whittle) 噴射機，以及 1983 年的「哥倫比亞」號太空梭為圖案。這裡必須特別一提的是，這四種圖案

中的航空器，都具有率先完成某種飛行的特殊功績。可是嚴格地說，航空史上第一架飛上天空的噴射機，應該是 1939 年 8 月 27 日首飛，由德國鄂倫斯特‧海茵克爾(Ernst Heinkel)博士設計的 He-178 型噴射試驗飛機。這一套紀念幣以英國古羅斯塔公司製造，裝有英國人法蘭克‧惠特魯(Frank Whittle)設計的噴射引擎，1941 年 5 月 15 日首飛，編號古羅斯塔 G.40 的噴射試驗機為圖案，多少帶有欺世盜名的意味。不過曼島既是英國的屬地，四枚紀念幣中，除了英國女王之外，如果沒有一樣東西是英國製造的，似乎是一件相當沒有面子的事情。不分古今中外，人總是愛面子的；英國屬地發行的紀念幣，以英國最早問世的噴射機為圖案，想來也是一件無可厚非的事情吧！

　　這一項紀念人類升空兩百周年的郵鈔，今後必定還會有新的票品

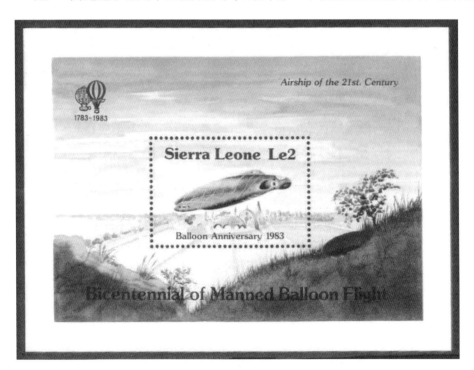

圖四

圖五

出現。每當看到一套新的票品，就會讓我產生一分新的喜悅。短期之內，蒙哥菲爾兄弟引起熱氣球風波，恐怕還不容易就此平息呢！

(本文原載「中國的空軍」雜誌第 534 期，

民國 73 年 7 月發行)

四、李連塔爾等的滑翔試驗

1. 凱雷發現升力的原理

讓我們把話題從熱氣球的升空轉回到飛機發明的經過上。

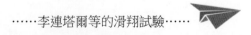

……李連塔爾等的滑翔試驗……

　　達文西雖然設計了看似相當具有飛行可能的拍撲翼翅,可是從他的設計圖問世之後經過了一個半世紀,比空氣重的飛行器仍然未能實現。這是因為對生來就不適於飛行的人類而言,只靠本身的體力,飛行終究是一件非常困難的事情。由於人類在地面上生活了幾十萬年,早已塑造成肌肉鬆軟,體大臂細的體格,如果只靠人類的臂膀和肌肉,絕對是飛不起來的。可是,十九世紀初葉,卻有一位偉大的科學家明白指出,如果依循其他的方法,機械式的飛行是可能的,他就是英國人喬治‧凱雷(George Cayley,1773-1857)。

　　他的這一項理論發表於 1809 年間一篇題為「關於空中飛行」的論文中。根據他的理論,一塊平板以某種角度迎向氣流時,作用於這一塊平板的空氣的力量可以分解成和氣流的方向平行的阻力與和氣流的方向成直角的升力。如果能夠使用有效的動力來克服阻力,也就能夠以升力支撐相當程度的重量;也就是說能夠以適當大小的平板,在流動的空氣中產生某種程度的升力。

　　凱雷所發現的升力理論,簡單的說也就是風箏飛上天空的原理。以細線牽引的風箏,如果以適當的迎角面對風向時,風箏就能飛上天空。

　　凱雷的偉大之處,除了發現前述風箏升空的原理之外,他還暗示了藉由把翼形做成上面彎凸、下面平直的形狀,即可獲得更大升力的事實。這一個現象也就是日後飛機能夠輕易飛上天空的理論依據。在真正的飛機首飛成功的大約一百年前,能夠證實這一項以弧形翼型獲得升力的理論,凱雷之所以被後人尊稱「飛機之父」是有它的道理的。凱雷雖然也曾試圖根據他的理論製作實際的飛行器,可惜由於當時還沒有人能夠做出輕巧而有力的引擎,因此他只能做一些小型的滑翔機進行滑翔試驗。

2. 實踐力行的李連塔爾

實現凱雷的理論，並且將它發揚的是德國人奧圖‧李連塔爾(Otto Lilienthal，1848-1896)。雖然李連塔爾並未親自就教於凱雷，可是從他的少年時期到他試驗滑翔墜地身亡為止，他一直是個實現凱雷的理論、獻身飛行的實踐者。雖然他的職業是土木工程師，可是他在工作之暇的時間中，不斷地進行滑翔試驗及測試作用於翼面的升力和阻力等，並且在 1889 年把他試驗獲得的結果寫成一本書--「鳥的飛行與航空的技術」。

為了印證他的觀察和測試的結果，他還製作了許多滑翔機進行試驗。從 1891 年起，他製作了能夠操縱的滑翔機，並且從在自家庭院裡搭建的跳板上滑行躍下，確認飛行的可能性。1894 年之後，他甚至花了 2,000 馬克在柏林近郊建造了一座高約 15 公尺的人造山丘，並且從這個山丘的頂端肩扛滑翔翼向下滑翔。據統計，從 1891 年到他失事為止的 5 年間，他總共滑翔了 2,000 次以上，飛行的距離最遠曾達 225 公尺。

可是，初期的滑翔翼終究欠缺維持安定的升降舵和垂直安定板等，因此很難在滑翔中控制它的穩定。1896 年 8 月 9 日，他在一次試飛中突然遭到一陣強風的吹襲，滑翔機失去平衡，從 15 公尺高的空中墜下。雖然圍觀的民眾立刻把重傷的李連塔爾送往醫院救治，可是仍然在第二天傷重而亡，得年 48 歲。

在李連塔爾的弟子當中，生於法國的美國人奧古塔夫‧謝努特(Octave Chanute，1832-1910)，和英國人帕西‧皮爾徹(Percy Pilcher，1866-1899)也曾經以類似現今的滑翔翼作了許多次成功的飛行試驗。在皮爾徹計劃為一架滑翔機裝設 4 馬力小型引擎試飛之前，他不幸也在一次滑翔試驗中喪生。謝努特則不僅持續進行他的雙

翼滑翔機的試驗，並且還寫了一本叫做「飛行機器的進步」的書。在這本書裡，他詳細記述了許多航空先驅進行試驗的情形。這些寶貴的經驗當然也延續到自 1900 年開始的萊特兄弟的滑翔試驗上，最後還促成了世界最早的動力飛行。尤其是多次來往歐美兩大洲間的皮爾徹，曾經為萊特兄弟提供了許多歐洲人進行滑翔試驗的經驗，協助他們解決一些飛行的問題，後人對他的這一項貢獻，也都給予相當高的評價。

3. 關聯郵票介紹

　　關於喬治‧凱雷的郵票，可能由於他的成就只限於理論方面，沒有做出實體的東西，因此比較少見。目前已知的有：歐洲小國摩納哥於 1973 年 4 月 30 日發行了一套 7 枚的郵票，其中面額 90 分者(圖 4-1)，圖案繪有凱雷的肖像和他在 1843 年間設計的可變換飛行器的模型。1987 年 8 月 7 日，柬埔寨發行的早期飛行器郵票中，面額 1r50 者(圖 4-2)也繪有凱雷設計的飛行器模型。

　　至於有關李連塔爾的郵票，當然以德國發行的較多。首先以李連塔爾為圖案的郵票是 1934 年 1 月 21 日，第二次世界大戰前的德國發行的面額 2m 航空郵票(圖 4-3)，郵票上除了繪有他的肖像外，也繪有他所製作的雙翼滑翔機。1978 年 4 月 13 日，德國聯邦郵政西柏林郵區以贊助青年附捐郵票的名義發行了一套 4 枚的郵票，其中

圖 4-1

圖 4-2

圖 4-3

面額 40+20 芬尼者(圖 4-4)是以李連塔爾於 1891 年間試飛的單翼滑翔機為圖案。

德國以外的國家則有剛果於 1970 年 9 月 5 日以太空探險的先驅者為主題發行了一套 4 枚的航空郵票，其中面額 45 法郎者(圖 4-5)是以李連塔爾於 1896 年間製作試飛的雙翼滑翔機為圖案。1991 年是李連塔爾滑翔試驗成功一百週年紀念，全世界共有德國、匈牙利、南斯拉夫、安提瓜、巴布達、蓋亞那、馬爾地夫、聖文森、聖文森屬地、烏干達等九個國家或地區發行了和李連塔爾有關的郵票。此處選

圖 4-4

圖 4-5

圖 4-7

圖 4-6

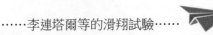

……李連塔爾等的滑翔試驗……

擇匈牙利於 1991 年 6 月 27 日發行的一套 4 枚中面額 7ft 者(圖 4-6)，圖案繪有肩扛單翼滑翔機的李連塔爾站在山丘上，以及單翼滑翔機滑翔的情形；同年 7 月 9 日，德國發行的一套 1 枚面額 100+50 芬尼的小全張(圖 4-7)，圖案繪有李連塔爾的肖像和他的雙翼滑翔機；以及位於加勒比海東部、委內瑞拉東北方的小島聖文森於同年 11 月 18 日發行，面額$1.65 的郵票(圖 4-8)繪有李連塔爾製作試飛的 13 號雙翼滑翔機。

　　此外，位於西非的加彭共和國曾於 1973 年 5 月 3 日發行了一套 6 枚的郵票，其中面額 3 法郎者(圖 4-9)是以奧古塔夫‧謝努特於 1896 年間試飛的雙翼滑翔機為圖案。1978 年 2 月 27 日，位於印度東南方印度洋上由許多小島組成的回教共和國馬爾地夫，為紀念萊特兄弟動力飛行成功七十五週年發行了一套 9 枚加小全張 1 枚的郵票，其中面額 2l 者(圖 4-10)也以謝努特滑翔中的雙翼滑翔機為圖案。美國

圖 4-8

圖 4-10

圖 4-9

圖 4-12

圖 4-11

也曾在 1979 年 3 月 29 日發行了一套 2 枚、面額各為 21 分的連刷郵票(圖 4-11)，圖案繪有謝努特和他製作的雙翼滑翔機。1987 年 8 月 14 日，位於非洲東部的烏干達曾經發行了一套 9 枚的郵票，其中面額 15 先令者(圖 4-12)也繪有謝努特以 1896 年間製作的雙翼滑翔機在小丘上滑翔的情形。

五、郎格雷的試驗飛行

1. 爭取首先飛上天空的榮銜

在歐洲各國的航空先驅們相繼試驗各種滑翔機，準備進行動力飛行的同時，美國也有許多熱衷於飛行的人士加入爭取第一個飛上藍天榮銜的競賽。山繆·皮爾邦·郎格雷(Samuel Pierpont Langley，1834-1906)就是其中的一個。

郎格雷是著名的史密生尼安協會的教授。1896 年，他製作了一架翼展 4.8 公尺、裝有一具 2 馬力蒸汽引擎的模型飛機，並且成功地飛行了 800 公尺的距離。為了獎助他的成果，美國陸軍部特地撥了一筆五萬美金的巨款，給他作為研究開發飛機的費用。

於是郎格雷開始建造他的飛機。他以 1896 年所造的模型飛機為藍本，製造了一架翼展 14.6 公尺、裝有一具 5 汽缸、星型 52 馬力汽油發動機的飛機。為了安全起見，他決定從航行在河裡的船隻甲板上試飛。1903 年 10 月 7 日，這一架形狀有如大型紙鳶、名叫「飛機場」(Aerodrome)的飛機由發動機的製造者察爾斯·曼里(Charles Manly)駕駛，從一艘航行於華府西南方近郊波多馬克河上的船上試飛。可是由於彈射裝置的失誤，飛機在滑離船頭之後隨即墜入河中。

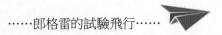

郎格雷不死心，兩個月之後的 12 月 8 日，他把修復後的飛機再度運往波多馬克河試飛，可是這一次仍然由於彈射裝置的不良，飛機再度墜入河中損毀。郎格雷因而失去信心，放棄了他發明飛機的美夢，也使他喪失了獲得飛機發明者榮銜的機會。

郎格雷的試驗雖然未能成功，但是從飛行的原理及飛機的形狀而言，他的設計是正確的。他以空氣力學的原理和機械工程方面的專業知識，製造出裝有能夠產生推力的發動機，以及具有能夠產生升力的機翼的飛機形狀。以現在的航空知識看來，他所設計的飛機形狀已經具備了升空應有的條件。他的失敗並不在於他的設計不良，而是由於當時沒有能夠產生足夠推力的輕量引擎，以及未能獲得大於機身重量的升力使然。雖然他採取從迎風航行的船身上以彈射裝置獲致必要的速度，以便獲得必要升力的方式，與現今的艦載戰鬥機從航空母艦上起飛時所用彈射裝置的原理完全一致，可惜當時的科技並不十分發達，他所使用的彈射裝置未能發揮預期的效果，因此以失敗收場，實在是一件相當可惜的事情。

十年後的 1914 年 6 月，郎格雷教授的崇拜者格蘭‧寇蒂斯(Glenn Curtiss，1878-1930)把郎格雷設計的飛機稍作修改，並且在機身下方加裝兩個船形的浮筒，成功地從水面上起飛，證明了郎格雷設計的飛機確實具備了足以飛行的條件。可惜當時他過於重視安全，選在河裡航行的船上試飛，而未採取以滑行獲得必要升力的方式，因而喪失了獲得飛機發明人榮銜的機會。而這一項榮銜也在放棄試驗 9 天之後的 1903 年 12 月 17 日，被兩個來自美國俄亥俄州戴頓鎮、以修理腳踏車為業，卻胸懷飛天大志的萊特兄弟奪得。

2. 關聯郵票介紹

有關郎格雷的郵票並不多見，這可能和他的試驗並未成功，

未能在航空史上佔有一席之地，無法與萊特兄弟的功業相提並論有關。目前已知的有：美國於 1988 年 5 月 14 日發行了 1 枚面額 45 分的航空郵票(圖 5-1)，圖案繪有郎格雷和他所設計的 5 號「飛機場」模型。此外，位於西非的獅子山國曾於 1985 年 2 月 28 日，為紀念國際民航組織成立四十週年發行了一套 4 枚加小全張 1 枚的郵票，其中面額 1.25le 者(圖 5-2)繪有郎格雷的肖像和 1903 年間他在波多馬克河上試飛「飛機場」A 型機的情形。順帶一提，郎格雷的崇拜者格蘭‧寇蒂斯也是一位航空先驅及飛機設計者；他曾於 1908 年 6 月 20 日，以他自己設計的「金甲蟲」(June Bug)號推進式雙翼機飛行成功，成為繼萊特兄弟之後第三位在美國飛行的人。1910 至 20 年間，他曾設計了一系列相當有名的郵件運輸機和戰鬥機。1980 年 12 月 30 日，美國曾經發行一套 2 枚的航空郵票，其中面額 35 分者(圖 5-3)就是以他和他所設計的「金甲蟲」號推進式雙翼機為圖案。

圖 5-1

圖 5-2

圖 5-3

六、萊特兄弟終於飛上天空

1. 萊特兄弟的滑翔試驗

1903 年 12 月 17 日，距離郎格雷第二次試飛失敗僅僅 9 天，在美國俄亥俄州戴頓鎮經營腳踏車店的韋伯‧萊特(Wilbur Wright，1867-1912)和奧維爾‧萊特(Orville Wright，1871-1948)兄弟兩人，終於以重於空氣的飛行器飛上天空，完成了長久以來人類想要征服天空的心願。

萊特兄弟的父親是戴頓鎮上的牧師，兄弟兩人的工藝素養可能遺傳自具有德國血統、曾經當過小學老師的母親。他們的母親善於使用各種器具，他們曾說：「她有辦法修復家中的任何東西」。

萊特兄弟從小就對人類的飛行抱持著極大的興趣。他們兩人雖然上有兄長，下有妹妹，可是由於兩人年齡相近，興趣相同，因此感情格外的好。他們高中畢業之後就不再升學，而以研究飛行及發明飛機為志業。他們以經營腳踏車店的收入作為研究及發明的經費，並且在腳踏車店的後方設置了一間小小的工作房，除了製作修理腳踏車所需的零件外，也用來製作滑翔機以及飛機的零組件。後來，連飛機要用的小型汽油引擎和螺旋槳，也由他們親手製作。此外，他們也經常以書信向位於華府史密生尼安協會的郎格雷教授請教有關飛行的理論，也時常和謝努特及遠在歐洲的皮爾徹等人連繫，交換滑翔飛行的心得。

1900 年秋，他們製作了一架滑翔機，連同其他所需的工具和零件，從俄亥俄州戴頓鎮驅車前往遠在 1,000 公里以外的北卡羅萊納州小鷹(Kitty Hawk)鎮，準備在那裡試飛。他們選擇小鷹鎮東南方大約 6 公里的殺魔丘(Kill devil hill)作為試飛的地點是有道理的。此地是一條狹長而略帶坡度、面向大西洋的海灘沙丘；由於遠離市鎮遊人稀

少，試飛時不會有看熱鬧的人群，因此不致洩漏兩人精心設計的飛機的機密，也不會受到不必要的干擾。更重要的是，此地整年風向一定，吹著最適於飛行試驗的恆風，而且鬆軟的沙丘，適於滑翔機和飛機的滑降，萬一不幸墜機，也能減輕機身及試飛者傷害的程度。

為了方便在夜間或雨天停放滑翔機，他們在殺魔丘上搭建了一間木屋作為機棚。從 1900 年秋到 1902 年秋，他們總共製作了三架滑翔機。每一次試飛，他們都詳細記錄了飛行的狀況和滑翔機的性能，以便作為下次製作時的參考。經過兩次改進，到 3 號滑翔機試飛時，他們已經可以在每秒 16 公尺的強風中平穩飛行，大致掌握了飛行的訣竅；3 號滑翔機總共進行了 1,000 次以上的試飛，飛行距離最遠可達 190 公尺。

2. 飛行距離只有 36 公尺的首飛

1903 年之後，他們製作了一架具有升降舵前翼，翼展 12.3 公尺，全長 6.4 公尺的雙翼飛機。這一架名叫「飛行者」(Flyer)的飛機上裝有由他們自己製作的水冷式 4 汽缸汽油引擎；這具引擎重僅 90 公斤，能產生 12 馬力的動力，引擎的動力經由鏈條傳送到上、下翼間的兩具螺旋槳。為了避免因螺旋槳旋轉而產生的反向扭力，他們使左、右兩具螺旋槳反向旋轉，以便抵消發生的力矩。

1903 年 9 月，他們把「飛行者」的機身零組件及引擎運往小鷹鎮，在殺魔丘的機棚內組裝。組裝完成試運轉時，由於螺旋槳的轉軸損壞，韋伯還曾兩次驅車回到戴頓鎮製作更換所需的零件。12 月 12 日，他們終於完成了所有的準備工作。

12 月 14 日，兄弟兩人以投擲硬幣的方式決定試飛的先後，結果由哥哥韋伯獲得先行試飛的權利。由於風速稍慢，因此他們選在殺魔丘的頂部鋪設兩條木製的軌道，讓「飛行者」在軌道上迎風向下滑行

……萊特兄弟終於飛上天空……

起飛。可是由於經驗不足，韋伯在飛機尚未獲得足夠的速度之前即拉高機頭，「飛行者」因而失速下墜，把滑行橇摔壞。他們只好停止試飛，把飛機拖回機棚，進行修理。修理工作直到 16 日中午才告完成。

12 月 17 日清晨，殺魔丘上吹著凜冽的寒風。雖然風速很快，並不十分適於飛行，可是為了想早日完成試飛，能夠儘快返回家鄉和家人共度聖誕，因此勉強進行。雖然天氣很冷，而且風速很強，他們仍然充滿信心，找來了在小鷹鎮救難所服務的三位救難人員，加上兩位住在附近的居民共五人，情商他們協助各項準備工作並擔任見證人。為了證明他們真的能夠飛行，他們甚至還準備了一台照相機，請見證人中的一位按壓快門。而這一張照片當然也就成為人類飛上天空最為珍貴而真實的證據。

這一次輪由弟弟奧維爾試飛。上午 10 點 35 分，奧維爾爬上駕駛位置準備就緒。在一陣嗶嗶啪啪的引擎聲中，「飛行者」滑行了 12 公尺之後騰空飛起，在空中停留了 12 秒鐘，飛行 36 公尺的距離，然後安然滑落地面，完成了人類飛上天空的心願。

當天兄弟兩人總共進行了四次飛行。第二次由哥哥韋伯試飛，飛了 12 秒、53 公尺。第三次再由奧維爾試飛，飛了 60 公尺的距離。第四次由韋伯再度試飛時，飛行了 59 秒，創下 260 公尺的記錄。可是第四次試飛落地時，機身略有摔傷，拖回機棚途中，又因一陣強風使機身嚴重受損，因此這一架首次升空的「飛行者」僅僅飛了四次，就沒能再度升空。

3. 永遠的「飛行者」I 號

這一架「飛行者」經過修復後，目前存放在美國史密生尼安協會的博物館中永遠供後人觀賞。不過它存放在史密生尼安博物館的過程卻有一段小插曲。奧維爾‧萊特本來有意要把這一架「飛行者」I 號

1903 年 12 月 17 日清晨，韋伯·萊特和奧維爾·萊特兄弟兩人終於以
他們製作的「飛行者」號雙翼機，完成了人類第一次的動力飛行。

贈送給史密生尼安博物館展出的(哥哥韋伯已在 1912 年間因病去
世)，可是由於郎格雷教授的崇拜者格蘭·寇蒂斯在 1914 年間把郎格
雷試飛失敗的「飛機場」修復，並於當年的 6 月 2 日試飛成功；為
此，史密生尼安協會認為在萊特兄弟飛行之前，就有能夠飛行的飛機
存在，不承認萊特兄弟是飛機的發明人。因此使自認是飛機發明人的
奧維爾·萊特大為不滿，而在 1928 年間，把修復後的「飛行者」I
號借給位於倫敦南肯丁頓的科學博物館展出。這一項航空史上「誰是
第一」的爭議，直到 1942 年間才有能夠讓奧維爾感到滿意的結果，
因此決定把「飛行者」I 號從英國運回故鄉美國。可是由於第二次世
界大戰的爆發，實際運回美國卻是在奧維爾逝世後的 1948 年 1 月
30 日，並且在萊特兄弟首飛 45 週年的 1948 年 12 月 17 日，首次在
史密生尼安協會的博物館公開展出。

……萊特兄弟終於飛上天空……

目前，萊特兄弟試驗滑翔機及試飛「飛行者」I 號的小鷹鎮殺魔丘地區，已經闢建成為廣達 170 多公頃的國立萊特紀念公園。公園內除了建有收藏萊特兄弟資料極為豐富的小型圖書館兼訪客接待中心外，殺魔丘的頂部還建有一座橫截面呈等邊三角形、正面在底邊、高達 18 公尺的萊特紀念碑。這一座樸實無華、略顯單調的巨大紀念碑，正面刻有 WILBUR WRIGHT，ORVILLE WRIGHT 兄弟兩人的姓名，紀念碑的前面左右兩側分別豎立著兄弟兩人的半身銅像。

4. 關聯郵票介紹

有關萊特兄弟的郵票當然要以美國發行的為主。美國最早把「飛行者」使用於郵票圖案的是萊特兄弟飛行成功即將屆滿 25 年的 1928 年 12 月 12 日，為紀念國際民航會議在華府召開，發行了一套 2 枚的郵票，其中面額 2 分者(圖 6-1)就是以飛行中的「飛行者」為圖案。為配合前面所說「飛行者」首次在美國本土展出，翌年的 1949 年 12 月 17 日動力飛行成功四十六週年，美國曾經發行了 1 枚面額 6 分的郵票(圖 6-2)，圖案為萊特兄弟的肖像及他們製作的「飛行者」。1953 年是萊特兄弟動力飛行成功五十週年，當年 5 月 29 日，美國也曾發行 1 枚面額 6 分的郵票(圖 6-3)，圖案的中間印有「動力飛行五十週年」(50th Anniversary of powered flight)字樣，左上方為萊特「飛行者」，右下方則是新型客機的輪廓。1978 年是萊特兄弟動力飛行成功七十五週年，美國也在當年的 9 月 23 日發行一套 2 枚連刷、面額各為 31 分的航空郵票(圖 6-4)，圖案為萊特兄弟的肖像及「飛行者」飛行的英姿。

除了美國之外，外國的郵票中，古巴曾於 1955 年 11 月 12 日以航空史上的名飛機為主題，發行了一套 5 枚的航空郵票。其中，面額 8 分者(圖 6-5)即為萊特兄弟的「飛行者」I 號。

　　1978 年是萊特兄弟動力飛行成功七十五週年紀念，除前述美國發行郵票以外，全世界約有六十幾個國家或地區以這一項主題，或以「航空的歷史」為主題發行紀念郵票。此處僅選擇下列三種予以介紹：位於南太平洋、斐濟群島東北方的沙摩亞於 1978 年 3 月 21 日發行了一套 4 枚加小全張 1 枚的郵票，其中面額 24s 者(圖 6-6)是以 1903 年 12 月 17 日首飛成功的「飛行者」 I 號為圖案。位於西印度群島、波多黎各東南方的安提瓜也在同年 3 月 28 日發行了一套 7 枚加小全張 1 枚的郵票，其中面額$2.50 的小全張(圖 6-7)是以準備從

圖 6-1

圖 6-2

圖 6-4

圖 6-3

圖 6-5

圖 6-6

圖 6-8

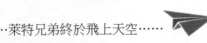

……萊特兄弟終於飛上天空……

沙丘上的滑行軌道起飛的「飛行者」Ⅰ號為圖案。位於非洲西部的貝寧也在 1978 年 12 月 28 日發行了一套 1 枚的紀念郵票,這枚面額 500 法郎的郵票(圖 6-8)是以萊特兄弟的肖像及飛行中的「飛行者」Ⅰ號為圖案。

這裡再介紹兩種比較近期,有關萊特「飛行者」的郵票。1983 年 9 月 16 日,聖托瑪與普林西以紀念人類升空兩百週年,發行了一套 7 枚加小全張 1 枚的郵票,其中 4 枚面額 18Db 中的 1 枚(圖 6-9)繪

圖
6-7

圖 6-9

圖 6-10

41

有「飛行者」在殺魔丘上試飛的情形。1991 年 6 月 27 日，匈牙利為紀念李連塔爾滑翔試驗成功一百週年，發行了一套 4 枚的郵票，其中面額 12fo 者(圖 6-10)也繪有飛行中的「飛行者」。

西元 2003 年是萊特兄弟動力飛行成功一百週年的百年慶，我相信世界各國的郵政當局一定不會錯過這百年才有一次的大好機會，必定會發行各種精美的郵票。不過由於筆者尚未收集這些「萊特動力飛行成功一百週年」的郵票，還無法作詳細的介紹，我想這個工作就留給後人去完成吧！

《附二》中國的第一和台灣的第一

人類第一次擺脫地心引力的束縛，飛上天空的是 1783 年 11 月 21 日，由法國人約瑟夫・蒙哥菲爾(Joseph M. Montgolfier)和雅各・蒙哥菲爾(Jaques E. Montgolfier)兄弟兩人，在巴黎近郊的靜默之堡前庭廣場，以他們製作的巨大球形布袋中裝入燃燒麥桿等產生的熱空氣，用熱空氣比普通空氣輕所產生的浮力使布袋升空的方式達成的。當時站在熱氣球下方吊籃中的是兩個勇敢的年輕人比拉特・德羅傑(Jean-Francois Pilatre de Rozier)和達爾蘭德侯爵(The Marquis d'Arlander)。這個熱氣球升空後乘風飄飛了 25 分鐘，飛行了大約 8 公里的距離才安然降落地面。

十天之後的 1783 年 12 月 1 日，一位法國的年輕化學家雅各・查祿魯(Jaques A.C. Charles)教授和羅培特(Marie-Noel Robert)兩人，站在裝有氫氣的氣球下吊籃裡，靠氫氣比一般空氣輕的原理飛上天空；他們雖然在搶得歷史上第一的競賽中輸給蒙哥菲爾兄弟和比拉

 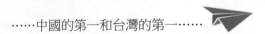

特‧德羅傑與達爾蘭德侯爵，也算達成了人類長久以來希望飛上天空的願望。

　　以上就航空器分類中「輕於空氣的航空器」中的氣球一種，把它的發明經過做了概略的敘述。至於「重於空氣的航空器」的發明就要再等 130 年，直到二十世紀初葉的 1903 年，才由美國的韋伯‧萊特(Wilbur Wright)和奧維爾‧萊特(Orville Wright)兄弟兩人達成。

　　1903 年 12 月 17 日清晨，萊特兄弟在美國北卡羅萊納州小鷹鎮(Kitty Hawk)東南方大約 6 公里的殺魔嶺(Kill Devil Hill)上，以他們自己製作、組裝的前尾翼推進式雙翼機進行試飛。這一架名叫「飛行者」(Flyer)的飛機上裝有由他們自己製作、重僅 90 公斤的水冷式 4 汽缸汽油引擎；這具引擎，能夠產生 12 馬力的動力，引擎的動力經由鏈條傳送到上、下翼間的兩具螺旋槳上。試飛由兄弟兩人輪流駕駛，總共飛行了四次，第四次由哥哥韋伯試飛時，「飛行者」飛行了 59 秒，創下 260 公尺的記錄。為了留下正式的記錄，他們還特地請人照相，留下人類首次飛上天空的珍貴鏡頭。

　　至於在中國境內的飛行，根據中國之翼出版社出版的《中國航空史》(姜長英原著，文良彥、劉文孝補校)的記載：中國首先有大型氣球的出現是在 1887 年間，當年 9 月，天津武備學堂的教習孫筱槎、參軍姚石荃和天津知縣蘆木齋三人合力研製氣球；他們用紡綢製成直徑 7 尺的氣囊，外塗油漆，內充氫氣，於 9 月 9 日試飛成功。可惜氣球升空後，繫留氣球的繩子被大風吹斷，氣球也被吹得不知去向，據說還由官府張貼佈告懸賞尋找呢！

　　清宣統 2 年(1910)2 月，掌管軍咨府事務的載濤由北京經日本前往美國遊歷考察。考察團在日本參觀陸軍演習自由氣球時，隨員徐元甫和田凱亭曾搭乘氣球升空，可是氣球卻被強風飄飛 500 里外才降

落地面。當天的演習，應該是由日本陸軍的人員駕駛，徐元甫和田凱亭兩人只是試乘體驗而已，可是氣球升空後，竟然被強風吹到 500 里外才降落地面，第一次體驗升空的徐、田兩人想必連膽子都被嚇破了。不過他們兩人卻也榮登中國最早乘氣球飛上天空的人。

至於「重於空氣的航空器」的出現，同樣根據前述《中國航空史》的記載：從宣統 3 年(1911)到民國元年(1912)的一年裡，有法、比、德、俄、美國等國家的飛行家，先後帶著飛機來到中國做飛行表演，其中法國人雷尼‧環龍(Rene Vallon)是最先到來的一個，而且還在表演飛行時失事摔死在上海。

1911 年 1 月 10 日，環龍帶著兩架飛機來到上海，一架是布雷利歐單翼機，因為機身在運輸途中損壞嚴重，沒有使用。他使用的一架是裝有古諾姆(Gnome)引擎的桑瑪(Sommer)式雙翼機。環龍先在上海江灣跑馬場表演幾次，表演都很成功；同年 5 月 6 日他再度表演，在小轉彎飛行時，不幸飛機失速下墜，造成機毀人亡。他就是第一個在中國境內因飛行去世的外國人。

清朝末年，曾有不少中國人也開始研究飛機的設計、製造和飛行，其中成績最好的是馮如。

馮如(1883-1912)是廣東恩平人，1895 年隨表親前往美國，先到舊金山白天工作，夜間讀書，後來又到紐約做工；10 年之後，在機械和電學方面很有心得，曾發明打樁機和其他機器等。

1903 年 12 月，美國萊特兄弟製造的飛機試飛成功；1904 年，日本和俄國在中國的東北爆發日俄戰爭。這些事件刺激了馮如，使他決心學習飛行，研究如何製造飛機，以便報效國家。

1906 年，他在舊金山籌集資金，準備製造飛機。翌年，馮如在奧克蘭市設廠開始製造飛機；1909 年，飛機完成出廠，經過多次試

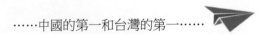

……中國的第一和台灣的第一……

飛並修改缺失後，同年 9 月 21 日終於飛行成功。據說，馮如製造的飛機曾經參加舊金山地區的飛行大賽，性能比美國人製造的還要好，並且還得過首獎哩！

宣統 3 年(1911) 2 月，馮如帶著兩架他製造的飛機回到故鄉廣州，準備在廣州表演飛行。可是當年 3 月間，廣州地區發生了革命志士刺殺清官以及黃花崗起義事件，影響了馮如的計畫，飛行表演因而未能如期進行。

民國元年(1912)革命成功，社會秩序漸趨穩定；8 月 25 日，馮如在廣州燕塘進行飛行表演，飛機起飛後上升到 100 多尺，因為轉彎過急，不幸失速下墜，馮如受到重傷，送到醫院後仍然傷重死亡，可惜中國的第一位飛機製造者和駕駛員就這樣去世，年紀不到 30 歲。

此外，一位原籍浙江定海，曾在英國學習飛行的厲汝燕，於 1911 年夏天接受革命政府的委託，在奧地利選購了兩架艾德利希「鴿」(Etrich "Taube")式單翼機，運回上海；1912 年 4 月曾在上海江灣表演飛行，成績很好。

另外，根據中國的空軍出版社出版、李天民著《中國航空掌故》一書的記載：宣統三年，也就是民國前一年(1911)的 3 月底，留學法國研習飛行的秦國鏞，以一架從法國帶回的「高德隆」(Gaudron)式單座教練機，在北京南苑圍場表演飛行；由於飛行成功，因此受到前來觀看的清廷官員以及皇親貴戚們的歡呼叫好。民國二年，秦國鏞還被國民政府指派擔任首任南苑航空學校校長，並被後來的航空界人士尊稱為「航空老祖宗」。因此，秦國鏞應該是第一個在中國境內飛上天空的中國人。

以上敘述的是中國境內最早使用航空器飛上天空的人。至於在台灣境內發生與航空有關的事蹟，根據 2003 年 12 月 17 日紀念萊特兄

弟動力飛行成功一百週年前後一段時間內，台灣的《聯合報》以及《中國時報》所刊載的紀念文章，我把它們彙整後作一個概略的敘述。

最早在台灣有飛機出現的是在 1914 年間，當時日本的飛行家野島銀藏從日本運來一架美國寇蒂斯「隼鷹」(Curtiss"Hawk")型推進式雙翼機，於 3 月 21 日在台北的南機場表演飛行，從此開啟了台灣的航空史紀元。

到了 1917 年，美國籍飛行家阿特‧史密斯(Art Smith)前來台灣在台中表演飛行，當時有一個少年謝文達看了他的飛行後深受鼓舞，決心投身航空，前往日本學習飛行，並以優異的成績從飛行學校畢業；畢業後參加日本的長途飛行競賽，在速度與高度兩個項目中獲得第三名。後來回到台灣，於 1920 年 10 月 17 日在台中練兵場進行表演，飛行 40 分鐘，成為第一個在台灣飛上天空的台灣人。

謝文達在日本時，因為響應台灣同鄉要求提升台灣人參政的權利，曾在台灣人「參選議會請願團」抵達東京時，在東京上空從飛機散發傳單，因而引發日本政府的不滿；在工作不順利的情況下，他決定轉往中國發展，曾在國民革命軍第二軍馮玉祥將軍麾下，擔任上校航空隊長。抗日戰爭爆發後，他的一半日本人一半台灣人的身分又受到國府官方的懷疑，因此過了一段危難顛沛的生活。國共戰局轉劇後，隨國民政府回到台灣，據說後來還曾擔任台灣省政府委員。

除了謝文達外，還有一位在日本學習飛行的年輕人楊清溪。楊清溪是高雄右昌望族，他在日本完成中學學業後，為了一圓飛行夢，毅然進入日本飛行學校就讀。他從飛行學校畢業後隨即獲得飛行執照，楊清溪的兄長為了支持他的航空事業，曾經變賣家產十餘甲土地給他購買飛機；楊清溪也將購得的飛機命名為"高雄號"，用來榮耀家鄉父老。

　　1934 年 10 月 17 日，楊清溪在台北練兵場駕機起飛，挑戰台灣人的首次環島飛行，可是飛到屏東後，因為台灣東部天候欠佳而原機折返台北；他雖然未能完成台灣人的首次環島飛行，卻完成了台灣人的首次南北縱貫飛行。

　　11 月 3 日，楊清溪載友人作空中遊覽。第一、二次飛行都很順利，第三次升空時，載著台北市永樂町中和商行店主王德福，飛機盤旋市區兩周後預備著陸，由於氣流不穩，加上操作過猛以致飛機失速，而自 50 公尺高度垂直墜落，楊清溪當場殉難，王德福也在十幾分鐘後死亡。這一位懷抱飛行夢的年輕人來不及在自己的家鄉開創事業，英年早逝，真是令人惋惜。

七、萊特以外的飛機發明人

1. 墨柴斯基的試驗飛行

　　「萊特兄弟是歷史上第一個完成動力飛行的人」，這已經是一件眾所公認的事情。可是，時至今日，仍然有一部份的人仍然認為有人比萊特兄弟更早實現了動力飛行。

　　首先是俄羅斯人，他們認為俄國人亞歷山大・墨柴斯基(Alexander F. Mozhaisky，1825-1890)才是真正的飛機發明人。墨柴斯基是帝俄時期的海軍軍官，由於對動力飛行具有濃厚的興趣，因此精心研究空氣動力學等與航空有關的知識。1882 年間，他以豐富的空氣力學學識作基礎，設計了一架具有極大弦展比(aspect ratio，機翼的翼弦與翼展的比)的單翼飛機。這一項設計是由俄國當時的名化學家門德雪耶夫為首的科學委員會所贊助，以發明飛機為目的而進行

的，因此他的設計和一般發明家即興思考所產生的飛行器有明顯的不同。可惜當時的蘇俄尚未具備製造汽油引擎的技術，這一架裝有 10 馬力及 20 馬力蒸汽引擎各一具的飛機顯然機身過重及馬力不足。1884 年間，這一架從兩支煙囪冒著黑煙的飛機，由格魯倍夫駕駛，從一處斜坡的上方向下滑行，在到達斜坡的下方時，機身曾稍稍揚升，跳了幾下。有些俄國人因而認為它已經實現了動力飛行的願望，因此墨柴斯基才是第一個發明飛機的人。以航空技術的觀點研判，這一架具有很小縱橫比的機翼及狹小尾翼的飛機，欠缺了飛行所需的安定性和操縱性，很難令人相信它具有飛行的能力，充其量也不過是短距離的跳躍而已。由於沒有確實的人證及照片，因此它的"飛行"並未被世人所承認。

2. 阿德爾、普義亞與艾雷漢瑪

　　另一位致力於發明飛機的是法國的電機工程師克雷門・阿德爾 (Clement Ader，1841-1925)。據說他較早製作、裝有 40 馬力蒸汽引擎的「風神」(Eole)號飛機，曾於 1890 年 10 月 9 日在巴黎試飛時飛了 50 公尺的距離。1897 年 10 月 14 日，他設計的「飛行器」(Avion) III 號在巴黎凡爾賽宮附近的跑馬場試飛時，滑行跑道上的機輪痕跡中斷了大約 300 公尺，飛機並且在落地時摔壞損毀。他們根據地面上機輪的痕跡中斷的距離，認為這一架飛機曾經飛行了 300 公尺，因此阿德爾才是發明飛機的人。不過這一架裝有蒸汽引擎、機翼有如蝙蝠的翅膀、形狀奇特的飛機，卻不具備對飛行的平衡、安定及操縱極為重要的尾翼，因此很難令人相信它具有長飛的能力。即使在滑行中稍稍揚起，也無法把它視為螺旋槳產生的推力和機身造成的空氣阻力相互平衡，機翼的升力和機身的重量相互平衡的正常飛行狀態，因此他的飛行也未被法國人以外的世人所承認。

　　除了前述的兩人外，住在巴黎的羅馬尼亞人特拉強・普義亞 (Trajan Vuia，1872-1950)，以及丹麥人賈可布・艾雷漢瑪(Jacob C.H.Ellehammer，1871-1946)，也是時常被他們的國人稱道的飛機發明人。普義亞本來是一位法律學者，由於對飛機的發明有濃厚的興趣，因此也加入飛機製作的行列。1906 年初，他製作了一架裝有 35 馬力瓦斯引擎、外形奇特的單翼機。同年 3 月 3 日及以後的幾天中，曾在巴黎近郊的蒙特頌試飛三次，結果大致和九年前阿德爾的「飛行器」Ⅲ號一樣只跳了幾下，跳起離地的最長距離只有 24 公尺。其後雖然也曾加以改良，但是仍以失敗收場。至於艾雷漢瑪，他所製作的飛機在技術上要比普義亞的好一些。他在一架單翼機的機翼上裝設風帆，作成具有奇特外形的雙翼機。這一架裝有 3 汽缸 18 馬力引擎的「艾雷漢瑪」2 號，曾在 1906 年 9 月 12 日試飛時飛了 4 秒鐘的時間及 42 公尺的距離。不過由於這一架飛機並未裝有任何操縱裝置，飛機上的人不能以自己的意願操控飛機的飛行，不能把他稱為駕駛人，因此航空史學家也沒有把它當作飛行成功的飛機。

3. 關聯郵票介紹

　　有關墨柴斯基的郵票，當然要以蘇俄發行的為最多。蘇俄最早發行和墨柴斯基有關的郵票是 1963 年 8 月 18 日，為紀念蘇俄的航空先驅而發行、一套 3 枚的郵票。其中面額 6k 者(圖 7-1)繪有墨柴斯基的肖像及他在 1884 年間製作試飛的單翼機。1974 年 12 月 25 日，蘇俄以俄羅斯早期的飛機為主題，發行了一套 5 枚、面額各為 6k 的郵票，其中的 1 枚(圖 7-2)繪有墨柴斯基設計的單翼機。1975 年是墨柴斯基誕生一百五十週年紀念，蘇俄於該年 2 月 27 日發行了 1 枚面額 6k 的郵票(圖 7-3)，圖案繪有墨柴斯基的肖像和他在 1884 年間設計的單翼機側面圖，以及屠波列夫 Tu-144 型超音速客機的平面圖。

此外，蒙古為紀念萊特兄弟動力飛行成功七十五週年，曾在 1978 年
3 月 25 日發行了一套 7 枚加小全張 1 枚的郵票，其中面額 20m 者(圖
7-4)也繪有墨柴斯基的肖像和他所設計的單翼機。

　　至於有關阿德爾的郵票，由於和法國關係密切的國家較多，因此
和阿德爾相關的郵票也較多見。首先是法國本身於 1938 年 6 月 16
日發行了 1 枚面額 50 法郎的郵票(圖 7-5)，圖案繪有阿德爾和他製作
的「飛行器」Ⅲ號；1948 年 2 月發行了面額 40+10 法郎的附捐郵票(圖
7-6)，圖案繪有阿德爾的「飛行器」Ⅲ號和現代飛機的輪廓。法國以外
的國家或地區中，阿法斯和伊薩斯曾於 1975 年 9 月 25 日，以世界
著名的科學家和藝術家為主題發行了一套 11 枚的郵票，其中面額 50
法郎者(圖 7-7)繪有阿德爾的肖像和他的「飛行器」Ⅲ號。最具代表性
的是塞內加爾在 1991 年 6 月 7 日，以紀念克雷門‧阿德爾誕生一百
五十週年為主題，發行了一套 3 枚加小全張 1 枚(圖 7-8)的郵票，全

圖 7-1

圖 7-2

圖 7-4

圖 7-3

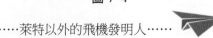

……萊特以外的飛機發明人……

部都以阿德爾的肖像和他製作的機器或飛機為圖案。

　　接下來介紹幾種與普義亞和艾雷漢瑪的飛行有關的郵票。普義亞製作的「普義亞」1 號首先登上郵票的是羅馬尼亞於 1956 年 6 月 21 日，為紀念普義亞在巴黎近郊首飛五十週年而發行、面額 55b 的郵票(圖 7-9)，圖案繪有「普義亞」1 號雙翼機和羅馬尼亞空軍的 Yak-25 型噴射戰鬥機。1972 年是普義亞誕生一百週年紀念，羅馬尼亞也在當年 8 月 15 日發行了一套 2 枚的航空郵票，其中面額 3le 者(圖 7-10) 印有普義亞的肖像，和他製作的「普義亞」1 號及波音-707 客機的輪廓。1978 年 12 月 18 日，羅馬尼亞曾以萊特兄弟動力飛行成功七十五週年為主題，發行了一套 7 枚加小全張 1 枚的郵票，其中面額 3.40le 者(圖 7-11)是以普義亞和他所製作的「普義亞」1 號為圖案。1956 年 9 月 12 日，丹麥為紀念艾雷漢瑪以重於空氣的航空器試飛五十週年，曾經發行了 1 枚面額 30oer 的郵票(圖 7-12)，圖案所用的原圖是「艾雷漢瑪」2 號雙翼機試飛時所攝的照片。1981 年 10 月 8 日，又以丹麥航空史上的名飛機為主題，發行了一套 4 枚的郵票，其中面額 1k 者(圖 7-13)也繪有「艾雷漢瑪」2 號雙翼機。

圖
7-5

圖
7-7

圖
7-6

圖 7-8

圖 7-9

圖 7-12

圖 7-13

圖 7-10

圖 7-11

……萊特以外的飛機發明人……

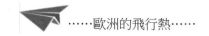

第二章　飛機在淬鍊中成長茁壯

一、歐洲的飛行熱

1. 以飛船飛繞艾菲爾塔

　　萊特兄弟發明飛機之後，把大部分的時間花在推銷飛機和專利權的申請及保護上，對飛機性能的改進和技術的再突破，卻沒有給予相對的重視。反觀歐洲，因為受到萊特兄弟發明飛機的刺激，在往後的幾年中，許多對飛行有興趣的人紛紛著手製造飛機，因而興起了一陣相當熱烈的飛行熱。

　　當時，法國是世界文化與科技的重心，雖然飛機的發明被萊特兄弟拔得頭籌，可是許多飛行的活動都在法國舉行。前面所提的克雷門‧阿德爾的試飛，羅馬尼亞人特拉強‧普義亞的試飛，以及許多氣球的飛行等都是在法國進行的。在這些早期的飛行活動中，住在巴黎的巴西人阿爾伯特‧山多斯‧杜蒙(Alberto Santos-Dumont，1873-1932)，就是一位絕對不容遺忘的人。山多斯‧杜蒙的父親是巴西的咖啡王，由於騎馬跌傷，因此把巴西的咖啡園出售，搬到巴黎療傷，並且和家人過著舒適的都市生活。山多斯‧杜蒙從小喜歡閱讀裘里‧維恩所著的科幻小說，如《從地球到月亮》、《環遊世界八十天》等；他對機器的操作和維修相當在行，也對人類的飛行抱持著極大的關心。雖然他身材瘦小，但卻穿著時髦、精力充沛，在許多活動中，時常受到民眾的矚目。

　　1898 年，他開始製作氣球，並且親自駕駛，在法國各地飛翔。同年秋天，他首先製作 1 號飛船，然後又在以後的三年內陸續製作了四艘飛船，並且作了許多技術上的改進。1900 年 4 月，一位富裕的石油商安利‧多邱宣布將發給第一個從聖克魯起飛，在 30 分鐘內飛

繞艾菲爾塔後安全回到聖克魯地面的飛船駕駛人十萬法郎的獎金。聖克魯位於巴黎的艾菲爾塔西南方大約 6 公里,是這些航空先驅們起降氣球及飛船的地方。以當時的飛船性能而言,要在 30 分鐘內自聖克魯起飛,繞過艾菲爾塔後回到原地降落是一件相當不容易的事情。懸賞發表之後,山多斯‧杜蒙立刻著手向這一項懸賞挑戰。1901 年 7 月和 8 月,山多斯‧杜蒙曾經以他的 5 號飛船挑戰兩次,兩次都以失敗收場,第二次甚至連飛船都摔落在建築物的屋頂上受到嚴重的損傷。杜蒙不死心,繼續趕工製作新的飛船。6 號飛船出廠後,經過一個多月的試飛和調整,1901 年 10 月 19 日,他再度向這一項懸賞挑戰。當天下午 2 點 42 分,山多斯‧杜蒙在多位審查委員及無數民眾的注視下,操縱他的 6 號飛船起飛。由於去程順風,因此只花了 9 分鐘就到達艾菲爾塔附近,他以 45 公尺的迴轉半徑作了急速的迴旋,然後向回程飛行。相對於去程的順利,回程卻相當艱辛。由於逆風增加了阻力,甚至連引擎的轉動都有點吃力,幸而經過他冒險從飛船下方的骨架爬到引擎附近調整,才得以恢復正常。經過十幾分鐘的努力,終於在起飛後 30 分 40 秒安然降落原地。嚴格的委員們以超過 40 秒為由,宣告山多斯‧杜蒙挑戰失敗,但是尾隨在後的民眾們卻大叫:「山多斯萬歲!」、「把獎金頒給他」、「委員混蛋」等,聲援山多斯‧杜蒙的聲音在整個巴黎市響起,連報紙也都發表了應該把獎項頒給他的評論。委員會受到強大輿論的壓力,不得已也在兩週後宣佈取消原先的判定,改判山多斯‧杜蒙獲得這一項獎金。為了感謝巴黎市民的支持,山多斯決定把十萬法郎中的七萬五千法郎捐出,交由警察局轉發給巴黎的貧民。這一項航空史上的首次懸賞就此圓滿落幕,留下了一段令人感到無比溫馨的佳話。

2. 歐洲最早的飛行

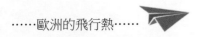

　　1904 年間，萊特兄弟製作了新的「飛行者」II 號，並在他們的家鄉附近飛了 80 幾次，不過由於他們的商業觀念過於強烈，深怕技術被他人抄襲，因此多數都在不公開的情況下飛行。1905 年，他們又製作了新的「飛行者」III 號，並且作了一些技術上的改進。這一架「飛行者」III 號把單次飛行的最遠距離提升到 40 公里、最長飛行時間提高到 38 分 3 秒，也可以在兩個定點之間作 8 字飛行，操控性已有明顯的改善。也可以說，這一架「飛行者」III 號已經不再是飛機的雛型，而是一架能夠長距離飛行、操控自如的真正的飛機。它的這些記錄和性能，把還在起步階段的歐洲的飛行器遠遠拋在後頭。

　　1905 年間，法國航空俱樂部為了扳回在飛行領域中和美國萊特兄弟間的差距，宣佈決定頒給首先飛越 100 公尺(!)距離的歐洲製飛機 1,500 法郎的獎金。此外，本身也在研究飛行的阿齊迪肯(Ernest Archdecon，1863-1957)也宣佈願意頒給飛行距離超過 25 公尺(!!)的飛機 3,000 法郎的獎金。受到這兩項懸賞的刺激，山多斯・杜蒙立刻找來年輕的工程師嘎布列魯・佛阿桑(Gabriel Voisin，1880-1973)共同製作他的飛機。在他們兩人的日夜趕工下，一架前舵翼箱形雙翼機隨即問世。為了測試它的平衡和操舵性，山多斯・杜蒙把它懸吊在他的 14 號飛船下方，以飛船的浮力加上裝設在飛機上的引擎推力進行試驗，因此這一架飛機就被命名為「14-bis」號(bis 具有類似甲乙丙丁等表示次序的「乙」的意味，因此也可以稱它為「14-乙」號機)。1906 年 10 月 23 日，這一架「14-bis」號機在山多斯・杜蒙的操縱下飛行了大約 60 公尺的距離，創下歐洲最早以重於空氣的航空器飛行的記錄，為歐洲大陸扳回了一些顏面，也獲得了 3,000 法郎的阿齊迪肯獎。同年 11 月 12 日，他在法國航空俱樂部審查人員的注視下，再度以「14-bis」號機創下滯空 21.2 秒、飛行 220 公尺的記錄，除

了獲得法國航空俱樂部提供的 1,500 法郎獎金外,也被認定為世界第一項公認的飛行記錄(註:萊特兄弟由於遠在美國,他們的記錄並未被該俱樂部公認);他的聲望也因此到達家喻戶曉、如日中天的地步。

　　為了紀念山多斯‧杜蒙的偉業,法國航空俱樂部於 1913 年間,在聖克魯飛船基地上建造了一座以伊卡路斯展翅欲飛,外形極為優美的雕像(詳第一節「飛的憧憬」),雕像下方的基座上嵌有山多斯‧杜蒙的側面像。據看過的人說,這一座雕像是許多紀念航空先驅和飛行事蹟的雕像中最美的一座。

3. 關聯郵票介紹

　　山多斯‧杜蒙在飛行領域中的偉大成就,使他變成了巴西的民族英雄,因此從 1929 年之後,巴西幾乎每隔幾年就要發行一些和山多斯‧杜蒙有關的郵票。較早的有 1929 年間,以巴西早期的航空器為主題,發行一套 5 枚的航空郵票;其中面額 500r 者(圖 8-1)繪有「14-bis」號箱形雙翼機。1947 年 11 月 15 日,為了凸顯當年的航空週,巴西曾經發行 1 枚面額 1.20Cr 的航空郵票(圖 8-2),是以整座豎立在巴黎市郊聖克魯的山多斯‧杜蒙紀念碑為圖案,基座上山多斯‧杜蒙的側面像清晰可見。1951 年 10 月 19 日,為了當年的航空週及紀念山多斯‧杜蒙飛繞艾菲爾塔五十週年,巴西曾發行一套 2 枚的紀念郵票,其中面額 3.80Cr 者(圖 8-3)是以 6 號飛船飛繞艾菲爾塔的情形為圖案。1956 年是山多斯‧杜蒙的「14-bis」號箱形雙翼機首飛成功五十週年紀念,巴西特別於當年 10 月 16 日發行了一套 6 枚加小全張 1 枚的紀念郵票,圖案繪有飛行中的「14-bis」號雙翼機(圖 8-4)。1969 年 7 月 17 日,美國的阿波羅 11 號太空船及登月小艇「小鷹」號首先完成人類登陸月球的壯舉;當年 10 月 17 日,巴西也以登月小艇降落月球表面及山多斯‧杜蒙的 6 號飛船飛繞艾菲爾塔

的圖案，發行了 1 枚面額 50c 的航空郵票(圖 8-5)。1973 年是山多斯‧杜蒙誕生一百週年紀念，巴西特地在當年 7 月 20 日發行了一套 3 枚的紀念郵票，圖案除了山多斯‧杜蒙的肖像外，分別繪有「14-bis」號箱形雙翼機、6 號飛船(圖 8-6)，以及他在後期使用的「多摩阿瑟爾」號飛機。1981 年是山多斯‧杜蒙的「14-bis」號機首飛七十五週年紀念，當年 10 月 23 日，巴西發行了 1 枚面額 60Cr 的郵票(圖 8-7)，圖案採用杜蒙肖像、月球及「14-bis」號機。1998 年是山多斯‧杜蒙製作氣球及飛船一百週年紀念，巴西為了紀念這一位航空先驅，特地在 7 月 18 日發行了一套 2 枚面額各為 31c 的連刷郵票(圖 8-8)，其中的 1 枚印有杜蒙製作的「巴西」號氣球，1 枚印有杜蒙駕駛的 1 號可操縱氣球。

圖 8-1

圖 8-2

圖 8-3

圖 8-4

圖 8-5

　　至於巴西以外的國家，此處僅介紹幾種較具代表性者。1959 年
2 月 13 日，南美的烏拉圭曾經發行了一套 2 枚面額各為 31c 及 36c
的郵票，圖案都印有山多斯‧杜蒙的肖像和「14-bis」號機(圖 8-9)。
為了紀念山多斯‧杜蒙誕生一百週年，法國曾於 1973 年 5 月 26 日
發行 1 枚面額 0.50+0.10 分的附捐郵票(圖 8-10)，圖案繪有山多斯‧
杜蒙和他製作的飛船、飛機等。南美的玻利維亞也在同年 7 月 20 日
發行了 1 枚郵票(圖 8-11)，圖案也是山多斯‧杜蒙和他的「14-bis」

圖 8-6

圖 8-7

圖 8-8

圖 8-10

圖 8-9

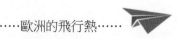

號機。位於南太平洋的瓦利斯與富土納曾於 1982 年 7 月 24 日發行
1 枚面額 95 法郎的郵票(圖 8-12)，圖案繪有山多斯‧杜蒙和他製作
的飛船及飛機。1983 年 7 月 29 日，古巴為了巴西里約熱內盧郵展
及紀念美洲發行第一套郵票一百四十週年，特地發行了 1 枚小全張
(圖 8-13)，其面額 1p 的郵票上也繪有山多斯‧杜蒙的「14-bis」號
機。1993 年是山多斯‧杜蒙誕生一百二十週年紀念，柬埔寨於當年

圖 8-11

圖 8-12

圖 8-13

圖 8-14

9 月 10 日發行了一套 5 枚的郵票,其中的 3 枚印有和杜蒙有關的飛船及飛機,另外 2 枚是以巴西製現代飛機為圖案;面額 150R 者(圖 8-14)繪有山多斯‧杜蒙的肖像和 6 號飛船飛經艾菲爾塔附近的情形。

二、飛越英吉利海峽

1. 高額懸賞刺激了飛行活動

　　山多斯‧杜蒙點燃的航空熱,立刻在充滿活力的法國蔓延開來。在巴黎的許多餐廳和咖啡館裡,飛行成了法國人之間最熱門的話題,而製造飛機也成為有志飛行的冒險家應時的行業。

　　在這個航空事業剛剛起步的時刻,為了促使航空的發展,獎勵有功於飛行的人,英國倫敦每日郵報的老闆諾斯‧克里夫卿宣佈懸賞 1,000 英鎊,準備頒給首先以飛機飛越英吉利海峽的人。於是,在英、法兩國之間上演了一場飛越海峽的競賽,並且引伸出許多驚險熱鬧的場面。

　　歐洲大陸和英倫三島之間隔著一條寬約 36 公里的英吉利海峽。當時,除了依靠輪船以海路銜接兩地外,只能以飛船或氣球緩慢優閒地從空中飛渡;如果能夠以快速的飛機飛越,當然是一件最好不過的事情。以當時的飛機性能而言,飛越 36 公里並不是一件很困難的事,因為美國的韋伯‧萊特在 1908 年 12 月 31 日,在法國的歐布魯表演

飛行時，就曾創下飛行 2 小時 20 分，距離 125.5 公里的驚人記錄。而生在法國的英國人安利・法爾曼(Henri Farman，1874-1958)也在稍早的 1908 年 10 月 2 日，以他的「法爾曼 I-bis」 型機創下飛行 44 分 31 秒，飛行距離 40 公里的記錄。因此，以具備這種實力的飛機，飛越一水之隔的英吉利海峽只不過是一項心理上的障礙而已，似乎用不著把它當做懸賞飛越的對象。可是自古以來，英吉利海峽就是一條區隔著英國和歐洲大陸的巨型壕溝；曾經以迅雷之勢征服歐洲大陸的拿破崙，也終究未能越過這一條天然的障礙。雖然它的距離只有數十公里，可是兩邊的國情不同，語言迥異，許多生活習慣也有明顯的差別。就因為有這種象徵性的區隔存在，對當時具有野心及冒險精神的飛行家而言，它正好成了他們想要一試的挑戰目標。而巨額的獎金也讓這一項越海飛行成為歐洲人矚目的大事情。

懸賞發表之後，立刻就有住在法國從事飛行活動的英國人休伯特・拉桑(Hubert Latham，1883-1912)、法國人路易・布雷利歐(Louis Bleriot，1872-1936)，以及準備以萊特式雙翼機挑戰的查祿魯・多蘭倍爾伯爵等三組人馬參加。後來，多蘭倍爾因為座機引擎故障而退出，只剩下拉桑和布雷利歐兩人。

拉桑是一位著名的飛行家，過去幾年他都和飛機設計師及製造商里昂・勒華瓦斯魯(Leon Levavassear，1863-1922)合作，共同研發製作有名的「安特瓦奈」(Antoinette)號單翼機。為了報答他的協助，也為了讓「安特瓦奈」的名氣更加響亮，勒華瓦斯魯決定全力協助拉桑達成首先飛越海峽的心願。1909 年 7 月初，他們搶先到達海峽附近的卡雷(Calais)市郊，紮營等待最佳飛行時機的到來。

布雷利歐本來是一位汽車零件製造商，他所設計、製作的汽車燈廣受歐洲各型汽車的採用。1905 年間，他和年輕的飛機製作人嘎布

列魯・傅阿桑協力製作了一架水上滑翔機，可是由於設計不得要領，試飛並未成功。1906 年 11 月，他曾以自製的「布雷利歐IV」型雙翼機，試圖搶在山多斯・杜蒙之前創下第一項世界飛行記錄，不過也以失敗收場。此後他越挫越勇，連續製作了幾架飛機，可惜都因為不像萊特兄弟般以飛行理論為基礎，因此試飛都未能成功。1908 年 6 月 18 日，他製作的「布雷利歐VIII」型機首度試飛成功；經過幾次試飛及修改之後，終於在同年 10 月 31 日創下往返 28 公里的飛行記錄，從此奠定了他作為飛機製作人及飛行家的地位。

　　1908 年 8 月，美國的韋伯・萊特攜帶他最新製作的萊特 A 型機造訪歐洲，在法國各地表演飛行。(奧維爾因為在美國為陸軍通訊兵團表演飛行時失事受傷，未能同行。) 萊特 A 型機輕快的飛行和靈巧的迴旋，讓歐洲的飛行家大開眼界，也受到極大的衝擊。布雷利歐汲取萊特 A 型機的優點，設計、製作了一架翼展 7.2 公尺、全長 8 公尺，空重僅有 200 公斤的「布雷利歐XI」型單翼機。經過幾次試飛及修改之後，性能獲得大幅改善，因此決定以這一架XI型機向飛越英吉利海峽的懸賞挑戰。

2. 布雷利歐首先飛越英吉利海峽

　　從法國的卡雷到對岸的英國多佛(Dover)，是英吉利海峽中最狹窄的地方。在夏季裡，海峽上多半強風吹襲，波濤洶湧，難得有風平浪靜的日子。繼拉桑之後，布雷利歐也在 7 月中旬住進卡雷附近的巴拉克村，等待適於飛行的機會。

　　7 月 19 日早晨，吹襲了好幾天的風雨終於平息，拉桑立刻準備起飛。依照倫敦每日郵報的規定，飛行必須在日出之後到日落之前的時間內完成。得悉拉桑即將起飛，停泊在附近海面的法國海軍驅逐艦也起錨開航，準備沿途護航，以便萬一失事墜海時能夠即時救助。6

點 42 分，太陽從雲層中射出光芒，拉桑立即起飛向海峽的另一頭飛去。可是起飛後不久，「安特瓦奈IV」型機的引擎隨即發生狀況，雖經他設法調整化油器和電氣系統，引擎仍然停了下來。這一架「安特瓦奈」從 300 公尺的高度滑降到海面上，拉桑雖然被隨行的驅逐艦救起而安然無恙，飛機卻沉到海底，喪失了搶先飛越的機會。不過他並不死心，隨即找來了另一架「安特瓦奈」，準備再度向這一項懸賞挑戰；而準備工作直到 7 月 23 日才告完成。

另一方面，布雷利歐雖然在 7 月 13 日的練習飛行中燙傷了左腳，可是仍然不願放棄機會，在巴拉奎村等待適於飛行的天候。7 月 25 日清晨，布雷利歐的同伴發現天氣有好轉的跡象，立刻把他叫醒，並且在巴拉奎村附近先行試飛了 15 分鐘。清晨 4 點 41 分，當第一道曙光照亮了海峽上空時，他立即起飛升空。他以高速越過海岸附近的電線之後，稍稍把速度降低，飛機以每小時 68 公里的速度及 80 公尺的高度平穩地向前飛行。不多時，他看到多佛岸邊具有特徵的懸崖，他繞了一個大圈，把飛機降落在古堡後方的斜坡上。僅僅花了 37 分鐘的時間，他就創下首先飛越英吉利海峽的記錄，並且成了家喻戶曉的大英雄。

布雷利歐回到巴黎之後，受到法國民眾的盛大歡迎，法國政府也頒給他雷強・多努魯勳章，表彰他的功績。

另一位挑戰者拉桑，在 7 月 25 日清晨被同伴叫醒時，得悉布雷利歐已經起飛，自己已經失去搶先的機會，而且天候又有轉壞的趨勢，只好傷心地接受上天的安排，等待另一個良好天候的到來。7 月 27 日清晨，他駕駛另一架「安特瓦奈IV」型機再度從卡雷起飛，可是他的運氣實在是太差了，這一次他飛了 20 幾分鐘之後，在距離英國陸地不到 2 公里的地方，再度因為引擎故障而迫降海面，成為飛

越英吉利海峽的悲劇性人物。

3. 關聯郵票介紹

　　有關布雷利歐飛越英吉利海峽的郵票，首先介紹法國於 1934 年 9 月 1 日，為紀念布雷利歐成功飛越英吉利海峽二十五週年發行的 1 枚面額 2.25 法郎的郵票(圖 9-1)，圖案繪有隔著法、英兩國的英吉利海峽和「布雷利歐XI」型單翼機。1972 年 7 月 1 日，法國發行了一套 6 枚的紅十字附捐郵票；其中面額 0.5c+0.1c 為紀念布雷利歐誕生一百週年的 1 枚(圖 9-2)，圖案繪有布雷利歐和XI型單翼機的設計圖。

　　至於法國以外的國家，位於非洲西北部的尼日曾於 1972 年 4 月

圖 9-1

圖 9-3

圖 9-2

圖 9-4

圖 9-5

24 日,以歷史上的名飛機發行了一套 3 枚的郵票,其中面額 50 法郎
的郵票(圖 9-3),是以飛行於海峽上空的「布雷利歐XI」型單翼機為
圖案。位於西非的達荷美和歐洲南部小國摩納哥,曾分別於 1972 年
6 月 26 日及 12 月 4 日,以紀念布雷利歐誕生一百週年名義發行了
面額各為 100 法郎及 30 分的郵票(圖 9-4、圖 9-5),圖案都繪有布雷
利歐和他用以飛越英吉利海峽的XI型單翼機。位於西非的加彭也在
1979 年 8 月 8 日,為紀念布雷利歐飛越英吉利海峽七十週年發行了
1 枚面額 250 法郎的郵票(圖 9-6),也是以布雷利歐和他的XI型單翼
機為圖案。位於非洲東北部的吉布地也曾於 1984 年 7 月 8 日,為紀
念布雷利歐成功飛越英吉利海峽七十五週年,發行了一套 3 枚的郵
票,其中面額 40 法郎的 1 枚(圖 9-7),圖案繪有布雷利歐和他的XI型
機的設計圖。1999 年 4 月 26 日,位於加勒比海東方的聖文森和附
屬的曾以航空的歷史為主題,發行了一套 4 枚加 8 枚連刷 1 張及小
全張 2 枚的郵票,其中面額 5 元的小全張(圖 9-8),圖案繪有布雷利
歐的座機XI型機,在多佛海岸邊白色懸崖上空飛行的情形。不過,

圖
9-6

圖
9-9

圖 9-7

圖 9-8

這一枚小全張上明顯有兩個錯誤：印在小全張右側的說明文字
"BLERIOT XI CHANNELCROSSING 1914"中，1914 應為 1909
之誤；另外，白色的懸崖位於英國多佛的海邊，布雷利歐從法國飛向
英國，在到達英國時，飛機不可能朝向海的方向飛行，而應朝向內陸
的方向。也許設計郵票的人沒有仔細考證當時的情形，因而繪製出這
種錯誤的圖案。

　　至於兩次越海飛行失敗的休伯特·拉桑和他的座機「安特瓦奈Ⅳ」
型機，可能由於他是失敗者，因此很少見到相關的郵票。目前已知的
有聖瑪利諾於 1962 年 4 月 4 日，以早期的飛機名義發行了一套 10
枚的郵票，其中面額 30 里拉者(圖 9-9)就是以拉桑的「安特瓦奈Ⅳ」
型機為圖案。

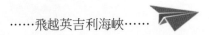

《附三》都是英吉利海峽惹的禍

英倫三島和歐洲大陸之間，以英吉利海峽相隔。英格蘭東南端最近歐洲大陸的多佛，距離法國的海岸僅有 22 英哩(35.4 公里)。在浪漫的法國人以及執拗的英國人眼中，這個距離正好成為他們冒險飛渡的對象。兩百多年來，為了飛越英吉利海峽，許多英、法以及美國的冒險家，曾經先後譜出了許多可歌可泣的故事，有些人甚至還為它賠上寶貴的生命。如果說這些人太過多事，咎由自取，不如說橫臥在那裏的英吉利海峽實在誘人，因而激發了這些人冒險飛越的念頭。套一句傳播界流行的語句：這些都是英吉利海峽惹出來的。到底它惹出了多少鮮事，且讓筆者一一為您道來。

歷史上首先飛越英吉利海峽的是法國人布蘭夏爾(Jean-Pierre Blanchard)和美國人傑佛利(John Jeffries)兩人，時間是 218 年前的 1785 年 1 月 7 日。他們乘坐在一具氫氣球下面的吊籃裏頭，吊籃的外側還裝有四支羽翅狀的槳葉和一片巨大的垂直安定板。當天下午 1 點，他們從英國的多佛起飛，藉西風吹送之賜，大約 2 小時 30 分之後，安然抵達法國西北部的費魯摩爾地區，完成了人類首次飛越英吉利海峽的壯舉。

第一個試圖飛越英吉利海峽而犧牲生命的是法國的多羅傑(Jean- Francois Pilatre de Rozier)和他的夥伴羅曼(Jules Romain)兩人。多羅傑是歷史上第一個以熱氣球飛上天空的人，時間是 1783 年 11 月 21 日。當天下午 1 點 45 分，他和另一位勇敢的年輕人達爾蘭德侯爵(The Marquis d' Arlander)站在一具由住在法國里昂附近，經營造紙工廠的約瑟夫・蒙哥菲爾(Joseph Montgolfier)和雅各・蒙哥菲爾(Jaques Montgolfier)兄弟兩人設計製作的熱氣球下方吊籃裡頭，從巴黎近郊的靜默之堡(Chateau La Muette)緩緩升空。隨

著西風的吹送，25 分鐘後平安降落在距離 8 公里之遙的地面上。由
於熱氣球升空的成功,他決心嘗試以氫氣球和熱氣球組合而成的組合
式氣球飛越英吉利海峽。1785 年 6 月 15 日,他和曾經參與製作氣
球的羅曼跨入氣球下面的吊籃,從法國的布羅紐起飛。可是不幸在飛
行途中,由於熱氣球的火焰引燃了從氫氣球漏出來的氫氣,引起氣球
爆炸,因而從 1,000 英呎的高空墜下,兩位年輕的冒險家也就成了最
早為航空犧牲生命的人。

　　第一個以熱氣球飛越英吉利海峽的是美國人艾德‧尤斯特(Ed
Yost)和唐‧皮卡德(Don Piccard)兩人。尤斯特是近代的名氣球飛行
家,1963 年 4 月 13 日,他和攝影家皮卡德從英國的沙賽斯郡賴鎮
升空出發。起初,在低空中找不到吹向法國的西風,尤斯特只好把熱
氣球飛升到 13,500 英呎(4,100 公尺)的高度,終於找到向東吹送的氣
流,經過 3 小時 17 分鐘的辛苦駕駛,安然降落在法國北部的聖喬治
鎮,完成了首先以熱氣球飛越英吉利海峽的壯舉,比布蘭夏爾和傑佛
利兩人以氫氣球飛越,足足遲了 178 年。

　　歷史上第一個以飛機飛越英吉利海峽的是法國人布雷利歐
(Louis Bleriot)。話說 1903 年 12 月 17 日,美國的萊特兄弟首先完
成了以動力飛機升空的壯舉,飛機逐漸受到世人的注意,歐洲大陸也
掀起了一陣飛行熱。1907 年,倫敦每日郵報宣布懸賞 1,000 英鎊,
頒給首先駕駛飛機於日出到日落的時間內飛越英吉利海峽的人。當時
熱衷於贏得此項獎金的有布雷利歐和英國的飛行家拉桑(Hubert
Latham)兩人。1909 年 7 月 19 日清晨 6 點 42 分,拉桑搶先駕駛一
架「安特瓦奈(Antoinette) Ⅳ」型機,自法國卡雷附近的桑加特起
飛。可是由於運氣欠佳,在他飛離法國海岸大約 12 公里之後,飛機
的引擎突然故障而迫降於海峽中。拉桑雖然被一艘航行中的法國貨船

……都是英吉利海峽惹的禍……

救起，可是卻喪失了獲得此項獎金的機會。

六天後的 7 月 25 日清晨 4 點 41 分，法國的海岸升起了第一道曙光。布雷利歐立刻發動他的「布雷利歐 XI」型單翼機，自法國的雷·巴拉奎起飛，37 分之後的 5 點 17 分，降落於英國的多佛城堡附近，率先完成了飛越英吉利海峽的壯舉，也獲得了 1,000 英鎊的獎金。

兩天後的 7 月 27 日清晨 5 點 50 分，拉桑再度以另一架「安特瓦奈」機，自法國的布蘭內茲起飛，試圖完成長久以來致力的目標。可是他的運氣實在是太差了，這一次，他再度迫降於離英國海岸僅有 1.6 公里的海面上，再一次嚐到了失敗的悲痛。

第一位成功飛越英吉利海峽的女性是美國的哈麗葉·昆畢 (Harriet Quimby) 小姐。昆畢小姐是美國第一位正式領有飛行執照的女性飛行員，由於面貌姣好，而且喜歡冒險，因此很受大眾的矚目。1912 年 4 月 16 日清晨，她駕駛一架「布雷利歐」單翼機自英國的迪爾出發，雖然一路上雲霧瀰漫，但是最後還是平安抵達法國的格里斯內茲岬附近。她的越海飛行只比布雷利歐遲了 2 年 9 個月的時間。

歷史上第一個以旋翼飛機 (Autogiro) 飛越英吉利海峽的是西班牙人薛爾華 (Juan de la Cierva)。1928 年 9 月 18 日，他以自製的「薛爾華 C8L 二世」(Cierva C8L MarkⅡ) 旋翼飛機，載了一位乘客，自倫敦的克萊頓機場起飛，飛越英吉利海峽後降落於巴黎的路·布魯杰機場。

第一架飛越英吉利海峽的直升機是德國的「福克·阿哈給利斯 (Focke Achgelis)Fa223」型機。1945 年 9 月，這一架直升機由三位德國人駕駛及乘坐，自奧地利的艾林克起飛，越過英吉利海峽後降落於英國漢普夏郡的布洛肯賀斯特。

歷史上第一架飛越英吉利海峽的氣墊車 (Air Cushion Vehicle) 是

英國桑達斯‧羅(Saunders Roe)公司製造的 SRN-1 型氣墊車。1959
年 7 月 25 日，也就是布雷利歐駕機飛越英吉利海峽的五十週年紀念
日，這一輛氣墊車由該公司的試車人員駕駛，以離海面大約 30 公分
的高度，自英國的多佛橫越海峽到達法國的卡雷，創下首次以氣墊車
飛越英吉利海峽的記錄。

　　最令人感到驚異的是 1979 年 6 月 12 日，由美國的保羅‧麥克
雷迪(Paul MacCready)博士率領的人力飛行小組所進行的越海飛
行。麥克雷迪是一位喜愛飛行的空氣動力學者，1956 年，當他三十
歲的時候，曾經為美國贏得了一面國際滑翔機比賽的錦標。1977 年
8 月，他所設計的人力飛機「輕飄的禿鷹」(Gossamer Condor)號，
首先在美國加州成功地在相距半英里的兩枝標竿間，以 10 英尺以上
的高度作 8 字飛行，也因而獲得英國實業家亨利‧克雷瑪(Henry
Kremer)提共的 5 萬英鎊「克雷瑪獎」。為了鼓勵人力飛行繼續發展
下去，克雷瑪提供了另一筆 15 萬英鎊的獎金，以便頒給首先以人力
飛機飛越英吉利海峽的人。1 年 10 個月後的 1979 年 6 月 12 日清晨，
麥克雷迪設計監造的「輕飄的信天翁」(Gossamer Albatross)號，仍
然由自行車好手布萊安‧艾倫(Bryan Allen)駕駛，自英國東南端海邊
的佛克斯登起飛，經過 2 小時 49 分猶如長距離自行車競賽般令人疲
憊不堪的踩踏，並經歷不斷的和海峽上空的強風搏鬥後，終於平安降
落於海峽彼岸法國格里斯內茲岬附近的海灘上。「輕飄的信天翁」號
不僅贏得了航空史上獎額最高的「新克雷瑪獎」，而且也創下了空前
的，也可能是絕後的記錄。

　　歷史上第一個以太陽能動力飛機飛越英吉利海峽的，也是麥克雷
迪博士設計的「太陽挑戰者」(Solar Challenger)號。1981 年 7 月 7
日上午，這一架由史蒂芬‧塔賽克(Stephen Ptacek)駕駛，外形酷似

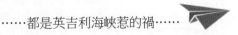

……都是英吉利海峽惹的禍……

滑翔機的太陽能動力飛機，自巴黎西北方 25 英里一處名叫柯美里村附近的小機場起飛。僅靠佈滿在機翼上的光電轉換電池，把天空中耀眼的陽光轉換成電力，這一架輕巧的飛機越飛越高。5 小時 23 分之後，它安然降落於英國西南端海邊的曼斯頓皇家空軍基地，完成了這一項花費 72 萬 5 千美元的豪華飛行。

筆者在這裡順便為各位介紹幾枚和飛越英吉利海峽有關的郵票。第一枚是位於南太平洋的英屬庫克群島，為紀念人類升空兩百週年而發行、面額$2.50 的小全張(圖一)。這枚小全張圖案的中央是布蘭夏爾和傑佛利兩人用以飛越海峽的氣球，圖案的兩側則是夾著海峽的陸地，充分顯示了飛越海峽的情景。第二枚是位於西非的聖托瑪與普林斯所發行，面額 18d 的郵票(圖二)，圖案繪有低飛於海峽上空的

圖一

圖
二

圖三

「布雷利歐XI」型機。第三枚是美國為紀念航空先驅哈麗葉·昆畢小姐，而於 1991 年 4 月 27 日發行面額 50 分的郵票(圖三)，圖案繪有昆畢小姐和她用來飛越英吉利海峽的「布雷利歐」單翼機。

　　兩百年來，英吉利海峽的波濤洶湧依舊，可是拜航空科技進步之賜，海峽間的空中飛行已經成為稀鬆平常的事情。兩百多年來許多可歌可泣的越海飛行已經告一段落，這種冒險犯難的越海飛行似乎也不復再見。可是說不定十年、二十年之後，某些好事者或許打扮成巫婆模樣，騎著具有特殊動力的掃帚試圖飛越這 22 英哩寬的海峽哩！且讓我們拭目以待。

(本文原載「中國的空軍」雜誌第　期，

民國　年　月發行)

三、蘭斯的飛行大賽

1. 蓬勃發展的法國航空界

　　1906 年以後，法國的航空界展現出一片蓬勃發展的景象，許多從事飛機製造和獻身飛行的人，也逐漸從摸索中闖出自己的名號。

　　在這些早期的飛機製造者和飛行家當中，最令人矚目的當推首先

以飛機成功飛越英吉利海峽的路易‧布雷利歐，以及在航空史上繼蒙哥菲爾兄弟、萊特兄弟之後的兩對兄弟檔，嘎布列魯‧傅阿桑及查祿魯‧傅阿桑(Charles Voisin，1882-1912)，安利‧法爾曼及摩利斯‧法爾曼(Maurice Farman，1877-1964)等人。

傅阿桑兄弟誕生於里昂附近的努維爾‧舒索奴鎮；由於父親早逝，因此從小住在外祖父家，受到外祖父的照顧。從孩提時期開始，他們就在外祖父的工廠製作一些風箏、蒸汽船，以及汽車等的玩具。這種從小動手製作東西的習慣，使他們成為製造滑翔機和飛機的專業廠商。

1899 年外祖父去世，留給他們一筆可觀的財產，他們利用這一筆財產開始製作滑翔機。他們製作的滑翔機明顯受到澳大利亞的航空先驅勞倫斯‧哈格雷夫(Lawrence Hargrave，1850-1915)發明的「箱形風箏」的影響。箱形翼除了上、下兩片機翼外，機翼的外側以垂直的翼片相連，箱形機翼之間又以適當的桁梁支撐加強。這種翼形除了具有比單翼稍高的升力外，垂直的翼片也能產生良好的橫向安定性。因此，他們製作的滑翔機和初期的飛機都採用這種箱形機翼，連他為山多斯‧杜蒙製作的 14-bis 號機，也具有這種箱形機翼。

1906 年，傅阿桑兄弟接受里昂‧德拉格蘭杰(Leon Dela-grange，1873-1900)的訂購，開始製作飛機。這一架被命名為「傅阿桑‧德拉格蘭杰Ⅰ」型的雙翼機曾於 1907 年 3 月 30 日，由查祿魯‧傅阿桑駕駛，飛了 6 秒和 60 公尺的距離。同年 11 月 5 日，他又把記錄延伸到 40 秒和 500 公尺，這是繼山多斯‧杜蒙之後歐洲的第二項飛行記錄。接下來，傅阿桑兄弟接受安利‧法爾曼的訂購，製作了「傅阿桑‧法爾曼Ⅰ」型機。這一架飛機經過修改之後，性能獲得很大的改善，並在 1908 年 1 月 13 日，由安利‧法爾曼駕駛，首

先以 1 分 28 秒的時間完成了距離 500 公尺間的往返飛行,並且獲得多邱‧阿舒迪克獎。同年 10 月,安利‧法爾曼又以他的「傅阿桑‧法爾曼 I -bis」型機創下飛行 44 分 31 秒,距離 40 公里的記錄。經過傅阿桑兄弟、法爾曼兄弟等人的努力,法國的飛行技術已經有了相當明顯的進步,各項記錄也幾乎都有追上美國萊特兄弟的趨勢。

1908 年間法爾曼根據自己駕駛「傅阿桑‧法爾曼 I」型機的經驗,設計了「法爾曼Ⅲ」型雙翼機,並且委託傅阿桑兄弟製作。可是傅阿桑兄弟完成這一架飛機之後,卻把它賣給英國的姆爾‧布拉巴遜。法爾曼為此大為光火,並且決心不再依靠傅阿桑兄弟,改由自己製造飛機。他們摒棄傅阿桑式箱形機翼的設計,改用單純的雙翼,而以副翼來增進飛機的橫向安定性。法爾曼製作的飛機性能因而獲得很大的改善,反而取代傅阿桑式飛機成為 1909-1910 年間的暢銷機型。

2. 創下多項世界記錄的飛行大賽

1909 年 8 月下旬,也就是布雷利歐成功飛越英吉利海峽之後一個月,由法國航空俱樂部主辦的第一次飛行大賽,在巴黎東北部蘭斯(Reims)市郊的草原上舉行。這一項為期八天的飛行大賽,也可以說是萊特兄弟動力飛行成功之後六年來,有關動力飛行的成果展現。在法國香檳酒製造業贊助提供 20 萬法郎巨額獎金的激勵下,這一項大賽受到歐、美兩地航空界人士的熱烈響應,參賽的飛機總共達 23 架。這些飛機包括「萊特」A 型(1908 年型)、「傅阿桑」、「安利‧法爾曼」、「寇蒂斯」等的雙翼機,以及單翼的「布雷利歐XI」型機、「安特瓦奈」型機等。競賽的結果,由參與飛越英吉利海峽失敗的休倍魯‧拉塔姆在 100 公里航程項目中,以平均時速 67 公里獲得首獎,並且創下新的世界記錄。格蘭‧寇蒂斯則在 20 公里航程項目中,以平均時速 90 公里獲得首獎;飛行高度項目則由拉塔姆以 150 公尺獲獎。「法

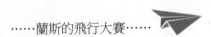

……蘭斯的飛行大賽……

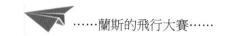

爾曼Ⅲ」型機則由安利・法爾曼駕駛，在飛行距離項目中創下 180 公里，飛行時間 3 小時 5 分的驚人記錄，獲得首獎；另外，他也在搭載乘客飛行的項目中獲得首獎。從這些獲獎的名單中可以看出，萊特兄弟的飛機已經不再繼續領先，而飛行的領域也已經發展到百家爭鳴、各擅勝場的局面。

　　這一場創下多項世界飛行記錄的大賽，不僅在社會上引起極大的轟動，也對歐、美各國造成很大的影響。遠從英國前來觀看比賽的英國財務大臣羅依德・喬治也在賽後的記者會上說了一句深具含意的話：「飛機已經不再是玩具和夢想，它已經成了真正的事實。它成為交通工具的可能性是無限的」。

3. 關聯郵票介紹

　　以下介紹和傅阿桑兄弟及法爾曼等人有關的郵票。傅阿桑製作的飛機中，比較有名的機型是 1907 年間出廠的「箱形風箏」(Box-kite)號。1970 年 12 月 15 日，摩納哥發行了一套 3 枚的郵票，其中面額 40 分者(圖 10-1)繪有首先在摩納哥上空飛行的安利・羅吉爾(Henri Rougier)的側面像和他的座機傅阿桑「箱形風箏」。1988 年 12 月 7 日，科摩洛以早期的飛行家和飛機為主題，發行了一套 6 枚細長方形的航空郵票，其中面額 500 法郎者(圖 10-2)是以傅阿桑兄弟和「箱形風箏」號為圖案。1991 年 3 月 21 日，位於南美的智利發行了一

圖 10-1

圖 10-2

套 4 枚面額各為 150p 的方連航空郵票，其中的一枚(圖 10-3)繪有「箱形風箏」號的側面圖。

　　和法爾曼有關的郵票可以依機型分為兩類。第一類是關於 1908 年間出廠的「傅阿桑‧法爾曼 I -bis」型箱形雙翼機。法國首先在 1971 年間發行了一套 6 枚，面額均為 50c+10c 的紅十字附捐郵票，其中的一枚(圖 10-4)繪有安利‧法爾曼的肖像和「傅阿桑‧法爾曼 I -bis」型機。1988 年 12 月 7 日，科摩洛島發行的一套 6 枚細長方形郵票中，面額 300 法郎者(圖 10-5)也繪有安利‧法爾曼的肖像和「傅阿桑‧法爾曼 I -bis」型機。第二類郵票則是關於法爾曼自己設計、製作，後來成為暢銷機型的「法爾曼Ⅲ」型機。位於南歐的小國聖瑪利諾曾於 1962 年 4 月 4 日，以早期的飛機為主題發行了一套 10 枚的郵票，其中面額 5 里拉者(圖 10-6)就印有這種「法爾曼Ⅲ」型機。1974 年 5 月 8 日，位於中歐的君主立憲國家摩納哥曾經發行了一套 4 枚的郵票，其中面額 30 分的一枚(圖 10-7)繪有安利‧法爾曼的肖像及

圖 10-3

圖 10-4

圖 10-5

圖 10-6

……蘭斯的飛行大賽……

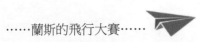

「法爾曼Ⅲ」型機和法爾曼「巨人」(Goliath)型雙翼運輸機(也曾製成轟炸機)。1974 年 11 月 20 日，南美的烏拉圭曾以早期的航空器為主題發行了一套 8 枚的郵票，其中面額 100p 者(圖 10-8)繪有「法爾曼Ⅲ」型機。1983 年 1 月 24 日，位於非洲西部的尼日共和國，曾經為紀念人類升空兩百週年發行了一套 6 枚的郵票，其中面額 250 法郎者(圖 10-9)也繪有「法爾曼Ⅲ」型機。

　　接下來順便介紹兩枚與發明箱形機翼的澳大利亞航空先驅勞倫斯・哈格雷夫有關的郵票。澳大利亞曾於 1965 年 8 月 4 日，為紀念哈格雷夫逝世 50 週年發行了 1 枚面額 5d 的郵票(圖 10-10)，圖案繪

圖 10-7

圖 10-8

圖 10-9

圖 10-11

圖 10-10

有哈格雷夫的肖像和他在 1902 年間設計，但是由於沒有適當的引擎而未能實現的箱形多翼水上飛機的示意圖。1988 年 8 月 29 日，以澳大利亞的航空先驅為主題發行了一套 4 枚的郵票，其中面額 45 分者(圖 10-11)繪有哈格雷夫的肖像和他在 1899 年間製作的箱形風箏。

四、飛越阿爾卑斯山

1. 飛行競賽促使飛機的性能獲得改善

　　蘭斯飛行大賽後的翌年(1910 年)1 月，美國也在西岸的洛杉磯舉辦了一場為期 10 天的飛行競賽。在這一場競賽中，美國的格蘭·寇蒂斯以他自製的雙人座飛機創下時速 88 公里的世界記錄；法國的路易·波爾漢(Louis Paulhan，1883-1963)則以「安利·法爾曼」機創下高度 1,300 公尺的世界記錄。此外，波爾漢也在從洛杉磯到聖塔·阿尼塔往返 120 公里航程中，以大約 2 小時的時間飛完全程獲得首獎和 1 萬美金的巨額獎金。在距離蘭斯飛行大賽不到半年的時間裡，各項記錄能夠如此快速地更新，航空的快速發展，實在令人感到驚訝！

　　同年 10 月下旬，美國又在東岸的紐約長島舉辦了一次為期 10 天的飛行大賽。這一次的大賽幾乎吸引了美國、英國、法國所有的名飛行家熱烈的參與。在這一次的大賽中，美國的拉魯夫·強斯頓(Ralf Johnston)駕駛「萊特」A 型機以 2,480 公尺獲得高度項目的首獎；幾天之後又以 2,960 公尺創下新的世界記錄。在 20 公里航程的競速項目中，駕駛「安利·法爾曼」型機的英國人克勞德·格拉漢-懷特(Claude Grahame-White，1879-1959)，以時速 98 公里獲得首獎，把在蘭斯飛行大賽中，被美國人寇蒂斯贏走的榮譽搶了回來。

在飛機的性能不斷獲得改進，每一次飛行幾乎都有締造新記錄機會的 1910 年代，冒險飛越各種天然的障礙物也就成了飛行競賽中的懸賞項目。而在許多冒險飛行的故事中，一位住在巴黎的秘魯人赫吉・夏維茲(Jorge Chavez，1887-1910)，成功飛越阿爾卑斯山之後，卻不幸在降落時失事喪生，令人印象最為深刻。

飛越阿爾卑斯山成為飛行競賽項目的意見源自蘭斯的飛行大賽。當時有人提議僅在平坦的野外來回飛行不夠刺激，最好能夠加一些像飛越阿爾卑斯山等障礙物的困難項目，必定更能引起民眾的興趣。以阿爾卑斯山為界的義大利和瑞士立即附和這一項建議，並且在 1910 年 9 月間舉行的米蘭國際飛行大賽中，列入從瑞士的布里克村起飛，越過海拔 2,008 公尺的辛普隆峰之後，沿著山間的公路飛到義大利的多摩多索拉，全程大約 30 公里的飛越阿爾卑斯山的競賽。

這一段路程雖然只有 30 公里，可是問題卻在它的高度。當時飛機的最高飛行記錄是 2,587 公尺，只比辛普隆峰高了 500 多公尺。可是阿爾卑斯山脈中，就在辛普隆峰的附近就有好幾座高逾 3,000 公尺的山峰，而且山中雲霧瀰漫，強風吹襲，山谷之間不穩定的氣流隨時都可能把飛機捲落谷底。因此這一段航程遠比飛越英吉利海峽更為驚險。

可是這一項懸賞 10,000 瑞士法郎的競賽還是吸引了 9 組人馬報名參加，經過大會的審查，僅有 5 組獲得參賽的資格。可是經過參賽者的詳細勘查與評估，最後只剩下夏維茲和住在德國的美國商人魏曼兩人。而在競賽前的練習飛行中，魏曼以他的座機「法爾曼」改造型試飛的結果，最高只能達到 1,500 公尺，因此也臨時宣佈棄權，最後只剩夏維茲一個人。

2. 夏維茲首先飛越阿爾卑斯山

80

　　夏維茲的父親是一位富有的銀行家。他設在秘魯的銀行在巴黎開了一家分行，由夏維茲的哥哥負責經營，夏維茲則跟著他的哥哥在巴黎的銀行工作，並且在飛行家路易‧波爾漢開設的飛行學校學習飛行。

　　1910 年 2 月，他考取飛行執照，取得飛行員的資格，隨後就在多次飛行競賽中嶄露頭角，兩次獲得高度飛行項目的第二名。而在飛越阿爾卑斯山之前的 9 月 8 日，他在尼斯的飛行競賽中創下前述 2,587 公尺的飛行高度世界記錄。因此，他可以說是一位經驗雖不怎麼豐富，但卻很有冒險精神的年輕飛行家。

　　9 月中旬，飛行大賽開幕，日程排定飛越阿爾卑斯山必須在 9 月 23 日之前完成。可是從 9 月 19 日開始，辛普隆峰附近的天候逐漸變壞，山區籠罩在一片霧氣之中。由於天候消息的誤傳，夏維茲曾在 9 月 19 日上午駕駛他的座機「布雷利歐 XI」型機起飛，在布里克村上空繞了三圈飛到 2,000 公尺的高度。可是進入山區之後遇到強大的亂流，輕盈而只有 50 馬力的「布雷利歐 XI」型機就像一片樹葉般，被強風吹得上下搖晃，有時候還會突然滑落數十公尺。為了安全起見，夏維茲只好飛回布里克，等待天候的好轉。

　　從 19 日到 22 日，等了 4 天，不僅天候沒有好轉的跡象，在連日的風雨吹襲下，氣溫也下降到有如初冬一般。到了最後期限的 9 月 23 日，天氣仍然不好，即使在山下，也令人覺得有些寒意。上午 10 點，從山區傳回霧氣有逐漸消散跡象的消息，夏維茲決定冒險一試。他駕駛「布雷利歐 XI」型機從布里克起飛，繞了三圈後飛到 2,000 公尺的高度，然後繼續爬升；由於氣流不穩，他必須全力和天候搏鬥，設法維持飛機的穩定，一方面還要找尋正確的飛行途徑。通過辛普隆峰之後，由於視界不良，他只好沿著山路迂迴向南方飛去。

　　在多摩多索拉村南側的一處牧草地上，已經放好上面貼有一個十

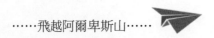
……飛越阿爾卑斯山……

字記號、作為落地標記的一塊白布，白布的附近聚集了一群看熱鬧的人。夏維茲抵達多摩多索拉附近時，飛機仍然以相當高的高度前進。到達標記附近時，夏維茲從 300 多公尺的高度急速下降，飛機的速度也在下降中快速增加；到達 30 公尺高度時，機翼承受不了負荷，而在空中斷裂，觀眾的歡呼聲頓時變成驚叫聲，飛機接著摔落地面，夏維茲也受到重傷。

夏維茲被工作人員從飛機的殘骸中救了出來，立刻送到附近的醫院救治。雖然除了左腳骨折之外，沒有很明顯的外傷，但是由於在飛行中驚恐隨時會有不測的災難發生，夏維茲身心承受極大的煎熬，加上體力消耗過多，因此一直處於昏迷狀態中。四天之後，他在醫院的病床上去世，得年只有 23 歲。

除了夏維茲飛越阿爾卑斯山之外，比較有名的天然障礙物飛越還有：法國的名飛行家羅蘭・嘎洛斯(Roland Garros，1888-1918)曾在 1913 年 9 月 23 日，以他的「摩蘭・索魯涅 I」型單翼機從法國的聖拉法葉飛越地中海，到達突尼西亞的畢薩特，全程大約 700 公里，所費時間為 7 小時 53 分。挪威人特里格夫・格蘭(Tryggve Gran)曾於 1914 年 7 月 30 日，駕駛一架「布雷利歐XI」型機，從蘇格蘭東部的阿巴汀附近出發，飛越北海抵達挪威的史塔凡格，全程大約 480 公里。此外，阿根廷軍人路易・甘德拉里亞(Luis C.Candelaria)中尉，曾於 1918 年 4 月 13 日，以一架「摩蘭・索魯涅 P」型機，從阿根廷的紮巴拉起飛，以最高飛行高度 4 萬公尺飛越南美第一大安地斯山脈之後抵達智利的昆可，首先創下飛越安地斯山脈的記錄。

3. 關聯郵票介紹

接下來介紹和這些飛越天然障礙物有關的郵票，首先是夏維茲。由於夏維茲是秘魯人，因此到目前為止，似乎只有秘魯發行過和夏維

茲有關的郵票。1964 年 2 月 20 日，秘魯為紀念夏維茲首先飛越阿爾卑斯山五十週年，曾經發行了一枚面額 5s 的郵票(圖 11-1)，圖案繪有夏維茲的肖像和象徵飛行的白色羽翅。1986 年 9 月 23 日，又以紀念夏維茲飛越阿爾卑斯山七十五週年，發行了一枚面額 5i 的郵票(圖 11-2)，圖案繪有夏維茲的肖像和用來飛越阿爾卑斯山的「布雷利歐XI」型機。1987 年 12 月 15 日，以紀念夏維茲誕生一百週年，發行了一枚面額 2i 的郵票(圖 11-3)，圖案繪有夏維茲的肖像和飛行徽章。

　　接下來介紹和羅蘭・嘎洛斯飛越地中海有關的郵票。首先是位於地中海北側的君主立憲國摩納哥，曾於 1963 年 12 月 12 日，為紀念羅蘭・嘎洛斯飛越地中海五十週年發行了一枚面額 2 法郎的郵票(圖

圖 11-1

圖 11-2

圖 11-3

圖 11-4

圖 11-5

……飛越阿爾卑斯山……

11-4)，圖案繪有嘎洛斯的肖像和他的座機「摩蘭‧索魯涅Ⅰ」型機。
1988 年 2 月 18 日，法國海外領地瓦利斯與富土納，為了紀念嘎洛
斯飛越地中海七十五週年發行了一枚面額 600 法郎的郵票(圖
11-5)，圖案繪有嘎洛斯和他的座機，並寫有起降兩地的地名。1988
年 7 月 2 日，法國也為了紀念嘎洛斯飛越地中海七十五週年發行了
一枚面額 2 法郎的郵票(圖 11-6)，圖案繪有他的座機的側面圖及平面
圖等。1998 年間，位於非洲西部內陸的尼日共和國曾經發行了一套
3 枚連刷，面額各為 450 法郎的郵票(圖 11-7)，3 枚的圖案分別是：
嘎洛斯於 1911 年訪問尼日的情形、嘎洛斯

飛越地中海時的座機「摩蘭‧索魯涅Ⅰ」型
機，以及嘎洛斯的肖像。附帶一提的是，羅
蘭‧嘎洛斯也是一位有名的網球選手。他曾
經以參加飛行競賽贏得的獎金，在巴黎郊區
買了一大片土地贈送給法國網球俱樂部，並

圖 11-6

圖 11-7

83

且闢建成為羅蘭‧嘎洛斯網球場。如今,每年的法國網球公開賽都在這裡舉行。

　　再下來是有關格蘭飛越北海的郵票。1944 年 7 月 30 日,挪威為紀念格蘭飛越北海三十週年,曾經發行了一枚面額 40 歐雷的郵票(圖 11-8),圖案繪有隔著北海的蘇格蘭和挪威的地形,以及朝向史塔凡格飛行的「布雷利歐Ⅺ」型機。

　　最後介紹和阿根廷的甘德拉里亞飛越安地斯山脈有關的郵票。1971 年 11 月 27 日,阿根廷為了舉辦第二十五屆航空及太空週,曾經發行一枚面額 25c 的郵票(圖 11-9),圖案繪有甘德拉里亞的肖像及「摩蘭‧索魯涅 P」型機。1993 年 6 月 26 日,阿根廷為紀念甘德拉里亞首先飛越安迪斯山脈七十五週年,曾經發行一枚面額 38c 的郵票(圖 11-10),圖案繪有穿著軍裝的甘德拉里亞,以及在險峻的山峰間飛行的「摩蘭‧索魯涅 P」型機。

圖
11-8

圖
11-9

圖 11-10

五、第一次世界大戰的航空器

1. 飛機成為戰爭的利器

　　萊特兄弟動力飛行成功之後十一年的 1914 年，歐洲地區爆發了第一次世界大戰；這場戰事長達四年，後來還把美國捲了進去。第一次世界大戰是飛機首次參與的正式戰爭，也是正式使用軍用飛機的開始。

　　此處所謂的"正式"，是因為這第一次世界大戰並不是飛機經歷的最早的戰爭，不過卻是被人們大量使用的最早的戰爭。因為在此之前的 1911 年，發生在利比亞的義大利與土耳其的戰事中，參與戰事的義大利飛機(總共 9 架)就曾自空中投下 2 公斤重的炸彈。而在輕於空氣的航空器領域中，早在飛機還沒有發明的 1794 年 6 月，法國陸軍就曾以載人氣球執行偵察敵情的任務。因此早在第一次世界大戰爆發之前，就有在戰爭中使用航空器的記錄，不過使用的次數和數量還是極為有限。

　　由於飛機的性能不斷地改進，歐美各國相繼在 1910 年代初期成立了航空隊。不過這些初創的航空隊，仍然以實驗飛機軍事化用途的意味較大，一般只期望能將飛機運用於地面戰爭開打前的偵察任務即可；即使想要進行地面轟炸或攻擊任務，當時在裝備上也還沒有充分的準備，因此仍然談不上飛機在戰鬥中的實際運用。而開戰初期，各國預測必定會是速戰速決的戰爭，想不到卻拖了四年之久。在長期膠著化的戰事中，飛機經過磨練而逐漸成長，也在各國的重視下快速發展，最後終於變成了可怕的殺人利器。

　　第一次世界大戰開始時，主要參戰國的空中戰力大約為：德國 250 架、法國 160 架、俄國 240 架、英國 90 架。以創設不久的航空隊而言，如此的數量還算不少；機型則包括單翼及雙翼的推進式飛機

(pusher，螺旋槳裝在機身後方的型式)以及牽引式飛機(tractor，螺旋槳裝在機身前方的型式)，構造幾乎都是木製骨架，而以帆布張貼固定的方式做成。

　　起初，這些飛機只在戰場或敵國上空執行以望遠鏡觀察為主的偵察任務，雖然在偵察中，和己方司令部或前線陣地間的聯絡相當不方便而且緩慢，可是它的功用卻逐漸受到肯定。而為了防止我軍的狀況被敵機偵察，飛機由空中偵察的功用逐漸延伸成為具有驅逐敵方偵察機的功能，而有以攜帶武器的飛機在空中戰鬥的開始，也就開啟了所謂的「空戰」。初期的空戰是由飛行員或同機的偵察員手持手槍、來福槍或卡賓槍在空中向敵機瞄準射擊，甚至把地面戰鬥中使用的手榴彈帶上飛機，在空中投向敵機，造成敵機或人員的損傷。而在增強攻擊效果的要求下，又有裝設來福槍、機槍等具有固定武器的飛機出現。可是在空戰中，由偵察員或機槍手瞄準敵機，另外由駕駛員操縱飛機找尋有利射擊位置的方式，卻難有良好的命中率。為了提升空戰中的命中率，於是又設法把機槍的軸心裝設成和飛機的機軸一致，以飛機飛行的方向對準敵機，向前方瞄準射擊。可是以性能較佳的牽引式飛機來說，裝設在機身前方的螺旋槳又成了子彈飛出去時的障礙。這個問題不解決，打出去的子彈就有可能打到自己的螺旋槳。受到這個限制，開戰初期，空戰的戰果遠不如後期輝煌。

2. 機槍同步發射裝置的發明

　　改變這種狀態的就是機槍同步發射裝置的出現。這種裝置能讓子彈安全地發射出去，不致撞擊牽引式飛機的螺旋槳旋轉面。由於這種裝置很實用，配備這種裝置的軍機，速度和機動性越發增強，因而確立了戰鬥機的優越地位。

　　這種機槍同步發射裝置到底是誰發明的，目前已無法考證。一般

的說法是，首先由法國人產生構想，經過多次的試驗及修改，而在
1915 年春首度裝設在法國的摩蘭・索魯涅式軍機上試用。1915 年 4
月 19 日，首先飛越地中海的名飛行家羅蘭・嘎洛斯在一次偵察任務
中，被德軍的地面砲火擊中，飛機迫降在德軍境內，裝設在他座機上
的機槍同步發射裝置的雛型也落入德軍的手裡；德軍立刻把它送到福
克飛機製造廠，由福克廠的負責人安東尼・福克和該廠的工程師們研
究改進。經過他們集思廣益，在很短的時間內製作出效果良好的同步
發射裝置，並且把它裝配在福克 E 型機上。這種福克單翼機由於性
能良好，裝上這種發射裝置後如虎添翼，因此擊落了許多英、法軍的
飛機，反而成為重創英法聯軍的利器。

　　這種機槍同步發射裝置的原理，就是設法使機槍的擊發和螺旋槳
的旋轉速度同步，使擊發出來的子彈必定在相鄰的兩片螺旋槳之間飛
出，以免打到自己的螺旋槳。這種裝置被運用之後，飛行員可以毫無
顧忌的攻擊敵機；為了避免在對戰中本身被擊落而能擊落對方，於是
飛行員開始研究各種擊落敵機的手段。戰前只在飛行表演中供人觀賞
的翻筋斗等特技飛行也都在戰鬥中派上用場，而且也成為飛行員日常
必須演練的項目，甚至於發展出有如「英梅爾曼翻轉」(Immelmann
turn)等更為繁複的飛行技術。這種飛行方法是由德國的空戰英雄麥
克斯・英梅爾曼(Max Immelmann)首創；飛機在後翻轉中作兩次旋
轉，以便擺脫敵機的尾隨，並轉入敵機後方。爾後，又有對擊落 5
架以上敵機的飛行員授予「愛司」(Ace，空戰英雄)的稱號，由國家
頒授最高的獎章和給予特殊待遇等，再由於媒體的大肆渲染，戰鬥機
飛行員成了年輕人羨慕與崇拜的對象。

3. 擊落 80 架敵機的空戰英雄厲多芬

　　第一次世界大戰期間，由於飛機的性能還不十分良好，在空戰中

比較容易被擊落，因此交戰雙方都產生了許多空戰英雄，而且擊落敵機的累積架數也相當驚人。這些空戰英雄中，最著名的當然是德國外號"紅男爵"(Red Baron)的曼弗雷德‧馮‧厲多芬(Manfred von Richthofen)。在他擔任中隊長的後期，竟然把隊上的「福克 Dr. I」型三翼機漆成鮮紅色或暗紅色，以極端鮮明的顏色擺出蓄意挑釁的姿態。由於他的飛行技術精湛，頭腦冷靜，因此英、法等聯軍的飛行員都受他的威名所懾，紛紛在交戰中被他擊落。他從 1916 年 9 月 17 日開始擔任戰鬥任務，到 1918 年 4 月 21 日終於難逃一死，在他窮追一架英國的「駱駝」式戰鬥機時，被尾隨在後的另一架「駱駝」式戰鬥機擊落(一說被地面的砲火擊落)。在他執行戰鬥任務的一年七個月期間，他總共打下英、法、俄等聯軍的飛機 80 架，是第一次世界大戰中擊落敵機最多的記錄。接下來是法國的雷尼‧方克(Rene P. Fonck)上尉，累積擊落架數為 75 架，再下來是英國愛德華‧曼諾克(Edward Mannock)少校的 73 架，以及在英軍服役的加拿大人威廉‧畢夏普(William A. Bishop)少校的 72 架。擊落敵機最多的美國籍空戰英雄是愛德華‧李肯巴克(Edward Rikenbacker)上尉；由於美國遲至 1917 年 4 月 4 日才向德國宣戰，參戰較晚，他的累積擊落敵機架數僅有 26 架。

隨著戰爭的複雜化，飛機也發展出許多不同的用途和分類。從早期的偵察機，逐步分出驅逐機、戰鬥機、轟炸機、攻擊機和運輸機等。用途不同，當然對性能的要求也有不同。而在構造上，也從早期的木製骨架、帆布蒙皮的形式演進到以黏膠黏貼木材，具有流線型外形的單殼(Mono coque)式機身。到了大戰後期的 1918 年間，德國甚至可以製造出重達 10 噸的全金屬(鋁合金)製轟炸機，製造飛機的技術有了非常明顯的進展。整體而言，在這四年戰爭期間，飛機發展的程度

大約可以和平時的二十年相抵。有人說：「飛機是因為戰爭而發展的」，似乎有它的道理。

　　至於輕於空氣的航空器的領域，雖然交戰雙方都曾使用偵察用氣球，可是從戰前就被寄以厚望的飛船卻沒有被大量採用。主要原因在於巨大而移動緩慢的飛船是一個非常明顯的攻擊目標，加上飛船賴以飛升的是容易爆炸燃燒的氫氣，一旦受到攻擊，它的危險性非常大，因此交戰雙方都不敢大量使用。

4. 關聯郵票介紹

　　接下來介紹幾種曾經參與第一次世界大戰的軍機郵票。首先是開戰初期，也就是 1914~1915 年間，英、法聯軍用來偵察敵情及飛行訓練等的「高德隆(Gaudron)G.3」型雙翼機，以及德軍用來偵察敵情的艾德利希-蘭普勒「鴿」(Etrich-Rumpler "Taube")式單翼機。英國的南歐領地直布羅陀曾於 1978 年 9 月 6 日發行一套 5 枚的軍機郵票，其中面額 9p 者(圖 12-1)印有「高德隆 G.3」型雙翼機。位於非洲東部的坦桑尼亞曾於 1999 年 2 月 14 日，發行了一套 6 枚加小版張 2 枚、小全張 2 枚的郵票，其中 1 枚小版張中面額 370sh 郵票中的 1 枚(圖 12-2)，是以飛行中的「鴿」式機為圖案。從這一枚郵票中可以看出，「鴿」式機的外形和展翅飛翔的鴿子非常相似。

　　1915 年以後，軍機的機種逐漸增加。比較具有代表性的偵察機

圖 12-1

圖 12-2

和驅逐機有法軍的「摩蘭・索魯涅 L」型雙翼機，英軍的皇家飛機廠 BE.2 型雙翼機，以及德軍的「福克 E Ⅲ」型單翼機等。1960 年 11 月 5 日，法國為了紀念第一次世界大戰時的名將尤金・艾斯廷 (Eugene Estinne)將軍誕生一百週年，曾經發行 1 枚面額 15 分的郵票(圖 12-3)，圖案除了繪有艾斯廷將軍的肖像外，也繪有「摩蘭・索魯涅 L」型機。1978 年 2 月 27 日，位於印度洋上的馬爾地夫共和國，曾經為紀念萊特兄弟動力飛行成功七十五週年，發行了一套 9 枚加小全張 1 枚的郵票，其中面額 5r 者(圖 12-4)印有「BE.2A」型雙翼機。

　　最後介紹 1916 年到大戰結束的 1918 年之間，幾種主力戰機的郵票。英、法等聯軍使用的機型有「紐波爾 27」型、「SPAD Ⅹ Ⅲ」型、索畢茲「駱駝」 (Camel)式、皇家飛機廠「BE. 5」型等驅逐機。德軍則以「阿爾巴特洛斯(Albatros)D Ⅲ」型雙翼機、「福克 Dr.1」型三翼機為主。1993 年及 1998 年是英國皇家空軍(Royal Air Force)

圖 12-3

圖 12-5

圖 12-6

圖 12-4

圖 12-7

……第一次世界大戰的航空器……

成軍七十五週年及八十週年慶，許多英國的海外屬地及相關國家都曾以這一項主題發行了一系列印刷精美的軍機郵票。位於非洲西部的迦納在 1993 年發行的七十五週年慶、一套 2 枚加小全張 1 枚的郵票中，面額 C600 的 1 枚(圖 12-5)繪有「紐波爾 27」型雙翼機。坦桑尼亞也在 1993 年發行了一套 2 枚加小全張 1 枚的郵票，其中面額 200s 者(圖 12-6)繪有索畢茲「駱駝」式雙翼機。位於西印度群島的土克斯與開克斯島也在 1998 年發行了一套 6 枚的郵票，其中面額 20 分者(圖 12-7)繪有皇家飛機廠「BE.5」型雙翼機。

　　至於德軍所用的驅逐機，波蘭曾於 1975 年 9 月 25 日發行了一套 2 枚的郵票，其中面額 2.40z 者(圖 12-8)繪有「阿爾巴特洛斯」雙翼機。位於西太平洋、赤道北方的密克羅尼亞，曾在 1993 及 1994 年間發行了四套，每套各有 8 枚長方連刷、以航空先驅為主題的郵票；1993 年 4 月 12 日發行、每枚面額 29 分中的 1 枚(圖 12-9)，印有第一次世界大戰德軍首席空戰英雄厲多芬的肖像和他的座機「福克 Dr.1」型三翼機。位於阿拉伯半島上的瑪納馬也曾以歷史上的名

圖 12-8

圖 12-9

圖 12-10

飛行器,發行了一套 7 枚的郵票,其中面額 45Dh 者(圖 12-10)繪有
漆成紅色的「福克 Dr.1」型三翼機。

　　最後是和第一次世界大戰中美國籍空戰英雄李肯巴克有關的郵
票。前述密克羅尼亞發行,印有德國空戰英雄屬多芬的郵票旁邊的 1
枚(圖 12-11),就印有李肯巴克的肖像和他的座機「SPADⅩⅢ」型機。
此外,美國曾在 1995 年 9 月 25 日,為紀念李肯巴克發行了 1 枚面
額 60 分的郵票(圖 12-12),圖案也繪有李肯巴克上尉和他的座機
「SPADⅩⅢ」型機。

圖 12-11

圖 12-12

六、飛越大西洋

1. 高額懸賞刺激了越洋飛行

　　1918 年 11 月,第一次世界大戰的硝煙平息之後,航空界隨即迎
向新的時代。如何把在大戰中演變成為可怕兵器的飛機應用於和平的
用途上,也就成了原本是空中戰士的飛行家新的挑戰。而在許多記錄
飛行的競賽中搧風點火的就是各種高額的懸賞獎金。

　　其中,成為全世界鳥人(Birdman,早期對飛行員的暱稱)最大目
標的就是倫敦每日郵報所提供,以重於空氣的航空器不著陸飛越大西

 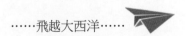

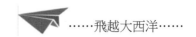

洋的 10,000 英鎊獎金。這一項懸賞最初是在 1913 年公布的，由於在還沒有任何飛行家嘗試挑戰之前就爆發了第一次世界大戰，因此又在戰後重新公布，以便引起航空界的注意。懸賞的主題雖然是「飛越大西洋」，可是關於飛行的途徑，即便選擇從紐芬蘭到愛爾蘭間的最短距離仍屬有效。而從「和平時期」第一年的 1919 年開始，許多飛行家已經迫不及待地展開了對這一項懸賞的挑戰。

相對於這一項每日郵報的懸賞，1919 年 5 月 22 日，在新大陸的紐約也公布了一項越發讓全世界矚目的奧提格獎。這個獎就是要頒給首先以不著陸飛行，成功連結舊大陸的中心都市巴黎，和新大陸的中心都市紐約的人 25,000 美元的巨額獎金。懸賞規定，無論從那一個城市起飛，只要中途不落地飛到另一個城市，甚至從法國沿海的陸地起飛到紐約也算有效。這一項懸賞是由出生於法國鄉下，而在紐約成為旅館大王的雷蒙・奧提格(Raymond Orteig)所提供，可說是一項空前盛大的企劃。

就在這個時候，歷史上第一次以飛機飛越大西洋的活動也正在進行。那就是 5 月 8 日，從美國紐約州的洛卡威出發，由 3 架美國海軍的 NC 型飛艇進行的越洋壯舉。3 架飛艇中，雖然 NC-1 及 NC-3 在大西洋上的亞速爾群島(Azores)附近故障或沉沒，可是由李德(Albert C. Read)少校率領的 NC-4 號飛艇，卻經由亞速爾群島到達葡萄牙的里斯本，然後向北飛行，並在 5 月 31 日抵達英國的普利茅斯港。這一趟飛行和爭取前述兩項懸賞無關，而是美國海軍為了展現軍力進行的。這一趟飛行的總飛行時間為 57 小時 16 分，飛行距離為 6,315 公里，平均時速 68.4 公里，不過以日數而言，卻花了 24 天的時間。而實際飛越大西洋的一段，即從美洲東北端的紐芬蘭經亞速爾群島到葡萄牙里斯本間的 3,480 公里則花了 12 天的時間。即使

一國的海軍，以當時最新型、航程最遠的飛艇來挑戰，也必須中途下水兩次才能飛越大西洋，可見在當時，飛越大西洋是一件多麼不容易的事情。

首先向每日郵報的懸賞挑戰的是兩組英國人，不過他們都以失敗收場。1919 年 5 月 18 日，哈利‧赫克和他的機械士麥肯錫‧格列佛少校，駕駛一架索畢茲「大西洋」(Sopwith "Atlantic")式單引擎雙翼機搶先從紐芬蘭的聖約翰起飛出發。一路上雖然勇敢地和惡劣的天候搏鬥，卻也難逃失敗的命運，迫降在大約一半路程的海面上；所幸被一艘路過的荷蘭商船救起，兩人都安然無恙。另一組由佛萊德利克‧雷南和維廉‧摩根駕駛的「馬丁賽德」(Martinsyde)雙翼機，也在同一天的稍晚準備出發，可是卻因為起飛失敗而未能成行。

2. 阿爾考克和布朗首先飛越大西洋

二十幾天後，也就是 NC-4 號飛艇越洋飛行的消息仍然在媒體間喧騰的 6 月 14 日，兩位英國的軍人，約翰‧阿爾考克(John Alcock，1892-1919)上尉和亞瑟‧魏登‧布朗(Authur Whitten Brown，1886-1948)中尉，也以英國的光榮和每日郵報的獎金為目標，從紐芬蘭的聖約翰起飛出發。雖然北大西洋上的濃霧和惡劣的天氣讓他們吃足苦頭，16 小時 27 分之後，他們的維克斯「維梅」(Vickers "Vimy")式轟炸機終於飛抵愛爾蘭的克里夫登，首先摘下不著陸飛越大西洋的榮冠，他們飛行的距離是 3,041 公里。

阿爾考克和布朗回到英國時有如凱旋歸國的將軍般受到全國民眾的歡迎，並且從當時的國務大臣溫斯頓‧邱吉爾手中接下 10,000 英鎊的獎金支票。他們的成就不僅為他們自己贏得了名譽和財富，也由於被視為國家的榮譽而受到很高的評價，因此由英國國王喬治五世授予「爵士」(Sir)的稱號。可是，不幸的是，阿爾考克爵士卻在當年

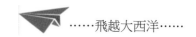
的 12 月在法國飛行時，由於天候惡劣而失事身亡，僅只享受了極為短暫的爵士名號。

　　無論如何，由於阿爾考克和布朗的成功，懸賞的項目只剩下巴黎紐約間的不著陸飛行。可是這一個獎項卻經過一段很長的時間才得以送出。其間，只有輕於空氣的飛船，完成了來回於大西洋的洲際飛行。

　　1919 年 7 月 2 日，英國海軍的 R-34 號飛船，載著 30 名機組人員，從蘇格蘭的伊斯特福村出發，雖然一路上遭遇強勁的逆風，經過 108 小時 12 分之後，於 7 月 6 日飛抵紐約州長島的米納歐拉鎮，飛行距離為 5,150 公里。7 月 9 日，R-34 號飛船再從米納歐拉起飛，74 小時 56 分之後安抵英國諾福克郡的布魯哈姆鎮，往返的總飛行時數為 183 小時 8 分；當然這是飛船的新世界記錄，這個記錄也展現了飛船在長距離飛行的優越性。

　　1925 年 7 月，紐約巴黎間越洋飛行懸賞的提供人雷蒙・奧提格回到故鄉法國，除了會見故里的親友外，也為他所設的懸賞能夠早日實現催生打氣。可是在那個時候，仍然看不出任何具有實現可能的跡象。

　　1926 年 5 月 9 日，美國海軍中校理察・巴德(Richard E. Byrd)和佛洛伊德・貝奈特(Floyd Bennett)兩人，以一架福克三引擎「約瑟芬・福特」 (Josephine Ford)號首先飛越北極，大大宣揚了美國的國威。這一項飛行的背後，當然必須歸功於這一型飛機所用、非常值得信賴的萊特「旋風」(Whirlwind)式空冷星型引擎。注意到這一型引擎的飛行家當中，有一位名叫查爾斯・林白的年輕人。

3. 紐約巴黎間的越洋挑戰

　　最早報名挑戰紐約巴黎間越洋飛行的是舊大陸這一邊兩個奇特的搭檔：法國的單腳空戰英雄保祿・塔拉松中尉，和獨眼的法蘭索瓦・

柯里，他們準備以一架「波特茲 25-O」型機從巴黎出發。可是塔拉松卻在試飛這一架飛機時撞山去世，計畫只好叫停，柯里則幸好沒有同機，倖免於難。另一組法國的挑戰者是摩利斯‧多魯安和 M.‧蘭多利兩人。他們預先以法爾曼「巨人」型運輸機演練飛行時，創下了45 小時連續飛行記錄，表現出他們對這一項飛行態度的審慎和計畫的周全。可是後來，計畫也以終止收場。

　　一方面，在新大陸這一邊也為了爭取這個獎，而在 1924 年間組成了「阿格諾茲飛越大西洋財團」。他們以雄厚的財力商請俄羅斯的移民、也是後來設計出一連串名直升機的天才設計師伊格‧席考斯基(Igor Sikorsky，1881-1972)，設計製造了一架豪華昂貴的 S-35 型三引擎雙翼機。1925 年末，又以週薪 250 美元的高價請來了法國擊落敵機架數最多的空戰英雄雷尼‧方克擔任飛行的正駕駛。1926 年 9月 21 日清晨，方克率領副駕駛克爾坦、機械士伊斯拉莫夫、無線電操作員克拉威三人，從紐約的羅斯福機場出發。可是由於搭載太多油料，機身過重，飛機無法正常起飛，因而摔落在跑道盡頭的水溝中起火燃燒，方克和克爾坦及時跳離機身，另外兩人則燒死在機身內，成了為爭取奧提格獎最初的兩位犧牲者。

　　翌年的 1927 年 1 月，美國的諾艾魯‧戴維斯中校也宣布參與爭取懸賞，他的座機是基斯頓「探路者」(Pathfinder)式三引擎「美國退伍軍人協會」(American Legion)號。可是，4 月 26 日，他在朗格雷機場練習飛行時不幸墜機，他和領航員也在失事中身亡，犧牲者成了四個人。

　　另外，法國擊落敵機架數次多的空戰英雄夏路魯‧南澤塞(Charles Nungesser，1892-1927)和名飛行家獨眼龍法蘭索瓦‧柯里(Francois Coli，1881-1927)兩人，也準備從巴黎出發，向奧提格獎

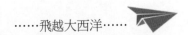

……飛越大西洋……

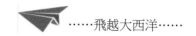

挑戰。他們商請法國海軍軍機的供應商路華斯魯提供一架 PL-8 型單引擎雙翼機，並且把它命名為「白鳥」號(L'Oiseau blanc)。不過這一架名符其實漆成白色的「白鳥」號機身上卻畫上了一個不祥的圖案：那就是南澤塞在第一次世界大戰中所用的座機上都要繪製的「黑心底白色棺木與骷髏頭」圖案。

1927 年 5 月 8 日，「白鳥」號從巴黎的路布魯杰機場順利起飛，丟下機輪後向大西洋飛去。為了節省油料，他們把機輪丟棄，準備以防水的機身滑降在彼岸的紐約港中。可是，不祥的事果然發生，越過愛爾蘭南部之後，「白鳥」號就失去聯繫，雖然曾有「成功抵達」的誤報，他們兩人卻永遠消失在大西洋中。至此，犧牲者增加到六個人。

此時，奧提格獎的競賽幾乎到了白熱化的程度。成功飛越北極的巴德中校和他的福克三引擎「亞美利加」號，以及克拉倫斯・張伯倫的單引擎「哥倫比亞小姐」號都已經準備就緒，等待最佳的飛行時機。可是，在這個時候，卻突然冒出一個籍籍無名的年輕人查爾斯・林白 (Charles A. Lindbergh，1902-1976)，準備獨自以一架也是從未聽過的萊安單翼機向這一項懸賞挑戰。有些媒體認為他的計畫過於草率，因此稱他為「飛行傻瓜」(Flying fool)。可是，就林白而言，他的計畫絕對不是草率的。

4. 孤寂的 33 小時 30 分

林白出生於底特律市，自威斯康辛大學機械工程系畢業後在林肯飛行學校學習飛行。習飛 8 小時後，就已獲得單飛的許可，因此是一位很有飛行天分的年輕人。他以飛行時數 2,000 小時、預備役上尉、25 歲的健壯體格、經歷過長途巡迴飛行、夜間郵件運輸飛行、迫降、緊急跳傘等豐富的經驗向這一項懸賞挑戰。

林白是從 S-35 起飛失敗焚毀的悲劇發生時開始思考飛越大西洋

的各種問題，並且在 1926 年 9 月底的一個夜晚，單獨駕機飛往芝加哥的途中獲得靈感，決心以單人駕機一試。在他的計畫中，飛機準備採用貝蘭卡製，引擎只需具有良好信賴程度的萊特「旋風」式引擎一具即可，而他所欠缺的只是購買飛機的資金而已。

計畫決定之後，林白立即著手進行。他以自己的積蓄 2,000 美金作為本金，前往他時常運送郵件前去的南部大城聖路易市，向一些富商遊說募捐。當年 12 月，他已募得了 13,000 美元的巨款。

可是，名不見經傳的林白，貝蘭卡公司連飛機都不願意賣給他。1927 年 2 月下旬，林白退而求其次拜訪了位於聖地牙哥的萊安 (Ryan) 飛機製造廠，向 26 歲的馬荷尼董事長和 29 歲的賀爾總工程師說明了他的計畫。三位年輕人意氣相投，想法一致，隨即簽下了製作新機的合約。原定 60 天交貨的飛機在萊安的全力趕工下提前 3 天完成，它就是航空史上成為不朽名機的萊安 NYP-1 型「聖路易精神」(Spirit of St. Louis) 號。型號的 NYP 取自紐約、巴黎的第一個字母，他們希望能夠藉這一架飛機一飛成功，使萊安揚名於世。5 月 10 日，林白從聖地牙哥出發，以 14 小時 25 分的新記錄飛抵聖路易市，讓贊助他的熱心人士觀看他們出錢製造的飛機。然後在 5 月 12 日，又以 6 小時 55 分的新記錄從聖路易市飛抵紐約的寇帝斯機場。他和新座機雖然只相處了十幾天的時間，可是他們之間已經默契十足，幾乎到了人機一體的完美境界。

5 月 20 日早上 7 點 52 分，在駕駛艙前後的油箱中裝滿 1,703 公升燃料的「聖路易精神」號，用盡紐約羅斯福機場 1,500 公尺的跑道起飛升空。一路上和孤寂、不安、疲憊、睡魔，以及大西洋上的濃霧、寒氣等搏鬥之後，在 5 月 21 日晚上 10 點多飛抵巴黎的上空。熱心的巴黎市民得知林白即將到達，早已準備了數十輛汽車，在路布

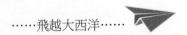
……飛越大西洋……

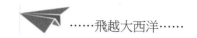

魯杰機場跑道的一旁排成一列，打開車燈照亮跑道，讓林白安然降落，時間是晚上 10 點 24 分。飛機停穩後，成千上萬的巴黎市民一擁而上，把林白高高抬起，熱烈歡迎林白的到來。據說林白真正踩到巴黎的土地，是在到達半小時以後的事情。

林白的這一趟單獨飛行，總飛行時數為 33 小時 29 分 20 秒，飛越的距離為創記錄的 5,809 公里。林白回到紐約之後，也受到英雄般的歡迎；在他的歡迎遊行中，從紐約的高樓大廈飄下的彩帶碎紙多達數十噸，足足讓紐約市的清潔人員忙了好幾天。

豪華昂貴的 S-35 焚毀了，而簡樸素淨的 NYP-1 型機卻成功了；工程教授朗格雷設計的「飛機場」沒能飛起來，而獨自摸索製成的萊特「飛行者」卻成功地飛上天空，這裡頭似乎讓人感覺到確實存在著有如宿命般的東西。

被林白搶得先機的張伯倫和他的「哥倫比亞小姐」號，也在 6 月 4 日至 6 日之間，從紐約成功飛到德國的艾斯雷米市，以飛行距離 6,294 公里刷新了林白創下不久的單程飛行記錄。可是巴德中校的「亞美利加」號，卻在 6 月 29、30 日的飛行中迫降在大西洋上，未能達成飛越大西洋的願望。

而首次從巴黎飛到紐約，也就是由東向西的越洋飛行則比林白的飛行晚了三年多，在 1930 年 9 月 2 日，由法國的杜唐諾‧柯斯特 (Dieudonne Costes，1892-1973)上尉和機械士摩利斯‧培隆特 (Maurice Bellonte，1896-1983)，以一架名為「疑問號」(Point d'Interrogation)的「布雷給 19GR」型「超級油桶」(Super Bidon) 式雙翼機，以 37 小時 18 分 30 秒的時間完成，達成了前輩南澤塞和柯里未竟的願望。

如今，首先完成不著陸飛越大西洋的維克斯「維梅」式轟炸機，

仍然存放在英國倫敦的科學博物館；首先完成紐約至巴黎不著陸飛行的萊安 NYP-1 型「聖路易精神」號，則存放在美國華府的國立航空及太空博物館，永遠供後人景仰。

5. 關聯郵票介紹

　　接下來介紹和飛越大西洋有關的郵票，首先是美國海軍 NC-4 號飛艇的越洋飛行。1978 年 5 月 10 日，匈牙利曾以萊特兄弟動力飛行成功七十五週年為主題，發行了一套 7 枚加小全張 1 枚的郵票，其中面額 1fo 者(圖 13-1)印有李德少校的肖像及 NC-4 號飛艇。1983 年 7 月 18 日，位於加勒比海東部的格瑞那達島為了紀念人類升空兩百週年，曾經發行一套 4 枚加小全張 1 枚的郵票，其中面額 1.10 元者(圖 13-2)也印有 NC-4 號飛艇。1987 年 10 月 9 日，葡萄牙屬地亞速爾群島曾經發行了一套 4 枚和該群島有關的郵票，其中面額 25e 者(圖 13-3)也印有飛行中的 NC-4 號飛艇。

圖 13-1

圖 13-2

圖 13-3

圖 13-4

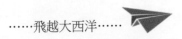

……飛越大西洋……

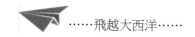
其次介紹和阿爾考克和布朗飛越大西洋有關的郵票。1969 年 4 月 2 日，英國為紀念阿、布兩人越洋飛行成功五十週年，發行了 1 枚面額 5d 的郵票(圖 13-4)，郵票上印有阿、布兩人的肖像和維克斯「維梅」式轟炸機。屬於大英國協會員國的加拿大，也在 1969 年 6 月 13 日為紀念越洋飛行成功五十週年，發行了 1 枚面額 15 分的郵票(圖 13-5)，郵票上也繪有飛行中的「維梅」式機。1979 年 9 月 3 日，位於非洲北部的尼日共和國為了紀念越洋飛行成功六十週年，發行了 1 枚面額 100 法郎的郵票(圖 13-6)，圖案繪有阿爾考克和布朗兩人的塑像以及飛行中的「維梅」式機。1994 年 9 月 6 日，愛爾蘭為了紀念阿、布兩人從紐芬蘭越洋飛抵愛爾蘭七十五週年，發行了 1 枚面額 52p 的郵票(圖 13-7)，圖案繪有在大西洋上飛行的維克斯「維梅」式機和飛行路線圖。

圖 13-5

圖 13-6

圖 13-7

圖 13-8

圖
13-9

再下來介紹和林白單獨自紐約飛往巴黎有關的郵票。林白越洋飛行的事蹟最早出現在郵票上的是，美國在 1927 年 6 月 18 日，為紀念林白飛越大西洋成功發行了 1 枚面額 10 分的郵票 (圖 13-8)，郵票上繪有隔著大

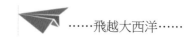
西洋的歐、美兩大洲及「聖路易精神」號的側面圖。1977 年是林白越洋飛行成功五十週年,全世界共有二十幾個國家或地區發行了和這一項主題有關的郵票。美國及法國是當事國,當然也不能置身事外,分別於 5 月 20 日及 6 月 4 日發行了面額各為 13 分及 1.9 法郎的郵票。此處介紹貼有前述兩枚郵票,並蓋有發行首日日戳的首日封一封(圖 13-9)。1977 年 5 月 3 日,位於歐洲南部的君主立憲國摩納哥,曾以這一項主題發行了 1 枚面額 1.90 法郎的郵票(圖 13-10),郵票上繪有林白的肖像和飛行於雲層中的「聖路易精神」號。同年 9 月 13 日,位於非洲中西部的加彭共和國也為同一主題發行了一套 1 枚面額 500 法郎的郵票(圖 13-11),郵票上繪有林白的肖像和奮勇飛行於布滿烏雲的大西洋上的「聖路易精神」號。1977 年 10 月 31 日,位於印度洋上的馬爾地夫共和國也發行了一套 8 枚加小全張 1 枚的郵票,其中面額 2L 者(圖 13-12) 繪有林白和他的座機「聖路易精神」

圖 13-10

圖 13-12

圖 13-11

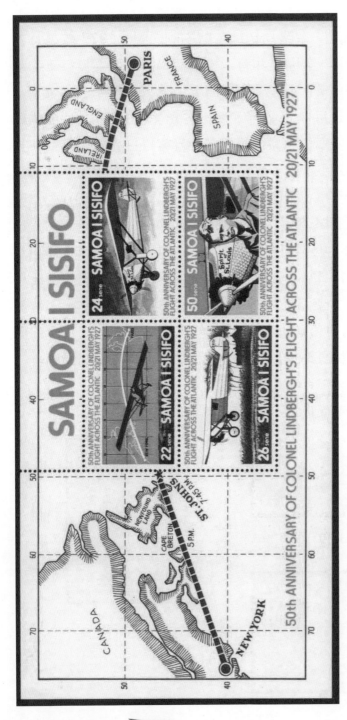

圖

13-13

號。1977 年 5 月
20 日，位於南太平
洋斐濟群島東北方
的薩摩亞，也以同
一主題發行了一套
4 枚加小全張 1 枚
的郵票，這 1 枚小
全張(圖 13-13)除
了包含 4 枚郵票
外，還繪有林白飛
越大西洋的路線
圖。

　　最後介紹林白
連結紐約巴黎三年
後才得以完成的、
與巴黎紐約間越洋
飛行有關的郵票。
1980 年是柯斯特
和培隆特西向飛越
大西洋成功五十週
年。法國在該年 8
月 30 日發行了一

……飛越大西洋……

枚面額 2.50 法郎郵票(圖 13-14)，郵票上印有飛行中的「布雷給 19GR」型「疑問號」雙翼機。同年 6 月 2 日，曾經是法國屬地的貝寧發行了一套 2 枚的郵票(圖 13-15、13-16)，郵票的圖案都和此項飛行有關。同年 7 月 16 日，位於非洲中西部的加彭共和國也曾發行了一套 2 枚和航空有關的郵票，其中面額 165 法郎者(圖 13-17)也印有柯斯特和培隆特的肖像及「疑問號」雙翼機。

圖 13-14

圖 13-15

圖 13-17

圖 13-16

第三章　飛機成為最重要的交通工具

一、長距離航線的開拓

　　受到阿爾考克和布朗、林白等人成功飛越大西洋的激勵，許多具有冒險精神的飛行家也都紛紛冒險挑戰前人未曾飛過的新航線。由於這些飛行都和日後的航線開拓有關，因此從 1920 年代到 1930 年代前半，也就成了航空史上的航線開拓期。

　　這些先驅們有的是為了展現國力、為國爭光，有的為了創造記錄、留名千古，有的則純粹因為喜歡冒險、爭取獎金，每個人都甘冒極大的危險，歷經無數艱辛，才得以達成既定的目標，但是有些人也因此喪失了寶貴的生命。由於這些事蹟相當多，這裡僅選擇幾項比較重要的，依照發生的先後次序作扼要的說明。

1.首次從英國飛到澳大利亞

　　1919 年 11 月 12 日，兩個澳大利亞籍兄弟，凱斯・史密斯(Keith Smith，1890-1955)中尉和羅斯・史密斯(Ross Smith，1892-1922)上尉，與另外兩個澳大利亞籍機員本奈特(J. M. Bennett)及希爾斯(W. H. Shiers)共四人，為了爭取澳大利亞政府設立的 10,000 英鎊懸賞，以一架維克斯「維梅」式轟炸機 G-EAOU 號，自英國倫敦近郊的韓斯羅機場起飛，途經法國的里昂、義大利的羅馬、克雷特島、中東的開羅、大馬士革、南亞的喀拉蚩、德里、加爾各答、曼谷、辛格拉、新加坡、印尼的斯拉巴雅等地，在許多雜草叢生、崎嶇不平、很難讓人稱作飛機場的荒野落地或迫降達 23 次之多，最後終於在 12 月 10 日抵達澳大利亞的達爾文港，以 28 天實際飛行 136 小時、飛行距離 18,175 公里的記錄，贏得澳大利亞政府頒發的 10,000 英鎊獎金及英國國王頒授的「爵士」封號。

2.首次飛越南大西洋

　　1922 年 3 月 30 日，葡萄牙政府為了展現國力，由該國海軍的薩卡杜拉・卡布拉魯(Sacadura Cabral，1881-1924)上尉和嘎哥・柯季紐(Gago Cutinho，1869-1959)上尉兩人，以一架經過改裝的英國「費爾利 IIID」型雙浮舟單引擎水上飛機，從葡萄牙的里斯本出發，途經非洲西北方的卡那利島、卡波威爾德島、聖彼得羅岩礁等地。由於遇到颱風，飛機受損，且因引擎故障，迫降於海面，經葡萄牙海軍兩度以驅逐艦急送新機，才得以繼續未竟的行程，終於在 6 月 17 日抵達最終目的地巴西的里約熱內盧。他們兩人以不屈不饒的精神和卓越的技術，總共以 80 天的時間，大約飛行了 7,500 公里的距離。他們兩人中，柯季紐雖然負責領航，可是由於他具有領導統御的長才，後來還晉升為葡萄牙海軍的將軍，名氣比擔任駕駛的卡布拉魯還要響亮。

3.首度中途不著陸飛越南大西洋

　　在前一章「飛越大西洋」中提到南澤西和柯里在嘗試由東向西飛越大西洋的航程中失蹤的 1927 年，同樣也是法國人的杜唐諾・柯斯特，把他的座機「布萊蓋 19G.R」型雙翼機命名為「南澤西・柯里」號，和約瑟夫・魯布里(Joseph Le Brix，1899-1931)兩人，於當年的 10 月 10 日自法國的路布魯杰機場出發，先飛塞內加爾，再從塞內加爾一口氣飛抵巴西的納塔爾，以 19 小時 50 分、飛行距離 3,420公里，首先創下不著陸飛越南大西洋的記錄。他們訪問南美洲各地後繼續飛往美國，以海路從舊金山前往東京，再從東京經由南迴路線，於 1928 年 4 月 14 日飛返巴黎。這一趟飛行全程約為 56,000 公里，總飛行時數為 338 小時。

　　1930 年 9 月 2 日，柯斯特和倍隆特兩人，以一架「布萊蓋 19G.R」

型「疑問號」雙翼機，首先以 37 小時 18 分完成巴黎至紐約的不著陸越洋飛行。這些事蹟已經在前章中有所敘述，此處不再詳細說明。

4.首次飛越太平洋

1928 年 5 月 31 日，兩位澳大利亞人查爾斯・金斯福特-史密斯 (Charles Kingsford-Smith，1897-1935)和查爾斯・巫魯姆(Charles Ulm)，以及兩位美國人領航員哈里・萊安(Harry Lyon)、無線電操作員詹姆士・華納(James Warner)共四人，以一架名為「南十字星」 (Southern Cross)號的「福克 FVIIa/3m」型三引擎高單翼機，從美國加州的奧克蘭出發，經夏威夷的火魯奴奴轉往考艾島，再從考艾島直飛南太平洋上的斐濟島，而在 6 月 9 日從斐濟島飛抵澳大利亞的里斯本。這一趟飛行的距離合計達 12,000 公里。

爾後，金斯福特-史密斯繼續以這一架「南十字星」號，在澳大利亞及紐西蘭等地創下好幾項當地的飛行記錄。1930 年 6 月 24 日至 26 日，他和格登・泰勒(Gordon Tylar)兩人，又以這一架「南十字星」號完成了從愛爾蘭經紐芬蘭至紐約的西向越大西洋飛行。此後金斯福特-史密斯和「南十字星」號留在澳大利亞和紐西蘭發展他的郵件運輸事業。1934 年 10 月 22 日至 11 月 4 日間，他和泰勒以一架洛克希德「牽牛星」(Altair)式單引擎低單翼機「南十字星貴婦」(Lady Southern Cross)號首先創下從澳大利亞飛至美國的記錄。1935 年 11 月 8 日，他以這一架「南十字星貴婦」號進行英國至澳洲的創記錄飛行途中，在印度附近的孟加拉灣失蹤，未能達成改寫記錄的願望。

5.首次飛越南極

首先於 1926 年 5 月 9 日飛越北極的美國海軍理察・巴德中校，和班特・巴爾臣(Bernt Balchen)、哈洛德・詹(Harold June)、阿施里・麥金雷(Ashley McKinley)共四人，於 1929 年 11 月 28 日以一架曾

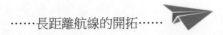

和巴德同機飛越北極，但已因病去世的佛洛伊德‧貝奈特之名命名的「福特 4-AT-B」型三引擎單翼機「佛洛伊德‧貝奈特」號，從南極大陸邊緣的「小美國」(Little America)基地起飛，飛臨南極上空時從空中投下美國國旗，然後折返離「小美國」大約 700 公里的中途補給站加油，再行返回「小美國」基地，此行總共花了 19 小時。巴德後來還因功晉升為少將。

6.首次由女性單獨駕機自英國飛抵澳大利亞

　　1930 年 5 月 5 日，一位年僅 26 歲，原是打字員的英國小姐艾美‧強生(Amy Johnson，1903-1941)，單獨以一架英國迪哈維蘭「鞦韆蛾」(Gypsy Moth)式單引擎雙翼機「婕生」(Jason)號，從英國倫敦的克萊頓機場出發，同月 24 日安抵澳大利亞的達爾文港，首先創下婦女單獨自英國飛抵澳大利亞的記錄。1932 年 8 月，艾美嫁給一位也是長距離飛行家的英國人詹姆士‧摩利生(James Mollison，1905-1959)。婚後，他們繼續各自以一架「絨毛蛾」(Puss Moth)式小型飛機，分別改寫由東向西飛越北大西洋，及英國至南非開普頓的最短時間記錄。1941 年，艾美在英國南部的飛行中失事喪生。

7.首度以飛機完成環球飛行

　　1931 年 6 月 23 日清晨，曾經是洛克希德飛機公司試飛員的威利‧波斯特(Wiley Post，1899-1935)，和他的領航員哈洛德‧蓋第(Harold Gatty)，以一架名為「維尼‧梅」(Winnie Mae)的洛克希德「織女星」(Vega)式單引擎單翼機，從紐約羅斯福機場起飛後向東飛行，一路上只在英國的徹斯特、德國的柏林、俄羅斯的伊爾庫斯克、阿拉斯加和加拿大等地短暫停留加油後，於 7 月 1 日下午飛返羅斯福機場，以 8 天 15 小時 51 分的記錄，刷新了「齊柏林伯爵」(Graf Zeppelin)號飛船在 1929 年 8 月所創，以 21 天環繞世界一周的記錄。

此行的飛行距離為 24,945 公里，總飛行時間為 106 小時。兩年後的 1933 年 7 月 15 日，這位獨眼飛將軍再度以這一架加裝了自動駕駛儀及無線電定向儀的「維尼‧梅」號機，獨自環繞地球一周，以 7 天 18 小時 49 分的成績刷新自己在兩年前所創的記錄。不幸的是，這一位勇於冒險犯難的飛行家卻在 1935 年間，和他的好友幽默哲學家威魯‧羅傑斯(Will Rogers)同機飛行時失事喪生。

8.首度中途不著陸飛越北太平洋

　　1931 年 10 月 4 日，兩位美國人克萊德‧班古朋(Clyde Pangborn，1896-1958)和小休斯‧亨頓(Hugh Herndon，Jr.)，為了爭取日本朝日新聞社在當年 4 月間設立，準備頒給首先以不著陸飛越北太平洋，到達美國本土的人 50,000 圓日幣(當時相當於美金 20,500 元)的獎金，以一架名為「維多爾小姐」(Miss Veedol)的貝蘭卡「天空火箭」(Skyrocket)式單引擎高單翼運輸機，從日本東北地區三澤市附近的淋代海岸起飛。為了減少飛行中的阻力，起飛後他們就以預先裝設的鬆脫開關把腳架和機輪鬆脫丟棄，準備以機腹滑降落地。一路上沿著西伯利亞和阿拉斯加南方的阿留申群島向東飛行。雖然在飛行途中發現有一支腳架未能完全鬆脫，以及發生燃料輸送管吸入空氣，造成引擎停車等狀況，所幸經由這一位曾經擔任蓋茲飛行馬戲團首席飛行員的班古朋冒險排除，終於在美國西海岸時間 10 月 5 日上午 7 點多，以機腹滑行平安降落於華盛頓州的威那奇(Wenatchee)鎮。這一趟飛行的距離為 7,847 公里，飛行時間為 41 小時 13 分。

9.女性首度單獨駕機飛越北大西洋

　　1928 年 6 月 17 日，也就是林白單獨飛越大西洋的第二年，一位美國的女性飛行家阿美利亞‧伊爾哈特(Amelia Earhart，1898-1937)，和正駕駛威爾瑪‧史塔茲(Wilmur Stultz)、機械士路易

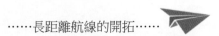
⋯⋯長距離航線的開拓⋯⋯

士・格登(Louis Gordon)，以一架加裝了兩隻浮舟的「福克 FVIIb/3m」型三引擎單翼機「友誼」(Friendship)號，從北美洲最靠東部的紐芬蘭特里柏西港起飛，一路上和濃霧、風雨搏鬥，終於在 20 小時 49 分之後抵達英國南威爾斯地方的巴里港(Barry Port)，阿美利亞也因而成為第一位不著陸飛越大西洋的女性。由於她身材修長，長得有點像林白，而且為人誠懇、平易近人，因此被人稱為「女林白」(Lady Lindy)；不論在英國或是回到美國，她都受到廣大民眾的歡迎。可是對於她的這一項榮譽，有些男性飛行員卻認為她只不過是「駕駛艙裡的一位乘客」而已。原本就是獨立自主、喜好冒險的伊爾哈特受不了這種嘲諷，於是自己買了一架小型的英國艾佛羅「阿維安」(Avian)式單引擎雙翼機，先在美國各地表演飛行，並曾兩度橫越美洲大陸，增加她的飛行經驗。1929 年 8 月，她把「阿維安」賣掉，買了一架性能更好的洛克希德「織女星」(Vega)式單翼機，並且在 1930 年 6 月 25 日，以這一架「織女星」創下 100 公里航程時速 281.470 公里，以及 100 公里航程載重 500 公斤、時速 275.907 公里的女性飛行速度記錄。

1932 年 5 月 20 日，她決心以這一架鮮紅的「織女星」單獨向飛越大西洋挑戰。這一天正好是林白成功飛越大西洋五年後的同一天，也是她第一次飛越大西洋之後四年；她的內心必定想藉這一趟飛行，證明她不僅是乘客，而有獨自飛越大西洋的能力。

5 月 20 日上午 7 點 30 分，她從紐芬蘭的格雷斯港出發，雖然中途發生了一些小狀況，可是她仍然奮勇向前飛行。由於飛機上沒有裝設無線電收發報機，只靠羅盤判斷方向，飛機因而偏北飛到愛爾蘭的倫敦德里附近，而且由於油料耗盡，只得迫降在附近的農田中。這一趟飛行的總飛行時間為 14 小時 56 分(一說為 13 小時 30 分)，比

以往任何一次飛越大西洋的記錄都要快一些，當然這也是女性單獨飛越大西洋的第一次。

回到美國之後，她繼續以這一架「織女星」創下幾項美國國內的飛行記錄。1937 年，她買進一架新型的洛克希德「艾勒克特拉」(Electra)式雙引擎低單翼機，打算以這一架飛機完成環繞世界一周飛行的心願之後退休。1937 年 3 月 17 日，她和一位經驗豐富的領航員弗雷德‧努南(Fred Noonan)同機，從加州的奧克蘭出發，第一站從奧克蘭向西飛到火奴魯魯，創下這一段航程的西向飛行記錄。可是第二天從火奴魯魯出發起飛時，飛機的起落架碰到跑道上的器物，雖然兩人都平安無事，飛機卻受到嚴重的損傷，必須送回洛克希德廠進行大修。同年 6 月 1 日，飛機修妥並改從東岸佛羅里達州的邁阿密出發，向東飛行。這一次仍然商請弗雷德‧努南擔任領航，從邁阿密出發後，經由巴西的納塔爾飛越南大西洋到達非洲的塞內加爾，橫越非洲大陸後，經中東、南亞、澳大利亞到達南太平洋上的新幾內亞。7 月 2 日，也就是他們從美國出發之後一個月又一天，這一架已經飛了 35,000 公里，只剩 15,000 公里路程即可完成環球一周的「艾勒克特拉」，卻從新幾內亞起飛 16 小時後，在南太平洋上的賀蘭島附近失去聯絡。雖然美國海軍派出 8 艘軍艦及飛艇等展開搜尋，仍然失去蹤影，這兩位經驗豐富的飛行家從此永遠消失在南太平洋的深海中。

10.南大西洋航線的開拓

相對於北大西洋是在歐洲和北美洲之間，由於南大西洋位於比較落後的非洲和南美洲之間，因此開拓南大西洋航線的過程也就比北大西洋保守而緩慢。而且這一段新航線的開拓幾乎都由在摩洛哥、茅利塔尼亞、塞內加爾等非洲西岸保有廣大殖民地的法國來擔當。這些殖

民地與法國之間的郵件運輸飛行早在第一次世界大戰結束後不久即已開始，航線也逐漸延伸到塞內加爾的達卡，然後越過南大西洋經巴西的納塔爾，再從阿根廷飛越安迪斯山脈到達智利的聖地牙哥，最後發展成長達 13,400 公里的長遠航線。在這個長遠的航線中，以當時的飛機性能而言，包含了相當多的危險。從摩洛哥越過撒哈拉沙漠到達塞內加爾的航線也是其中的一段，途中的西班牙領地里歐得奧羅是一個時常發生颶風和濃霧的地方，而且萬一飛機故障而迫降時，很有可能受到武裝矛魯族襲擊的危險地區就長達 1,500 公里，因此這一段航線的飛行是一件相當危險的工作。以《南方郵件》、《夜間飛行》和《小王子》等名著聞名於世的安東尼‧聖－艾修伯里(Antoine de Saint-Exupery，1900-1944)，也曾擔任這一條定期航線的駕駛員，以「拉提柯爾(Latecore)28」型水上飛機等來往飛行於這個危險地段，並且寫下許多膾炙人口的精采故事。

　　距離超過三千數百公里的南大西洋航線，首先由本章第 3 節中所述的柯斯特和魯布里兩人，在 1927 年 10 月 10 日飛越成功。可是由於定期越洋飛行相當困難，因此初期是由法國海軍的驅逐艦以海路銜接。定期航線的開拓則由法國的名飛行家強‧梅摩茲(Jean Mermoz，1901-1936)，於 1930 年 5 月 12、13 日以拉提柯爾 28 型水上飛機首先達成。由於梅摩茲的成功，從法國到南美洲的長程航線才得以全面航空化，從巴黎到聖地牙哥也只要四天的時間即可到達。可是對當時的飛機而言，三千多公里的越洋航線要以定期飛行營運也是一件非常困難，而且是相當冒險的事情。所用的機種雖然從最早的「拉提柯爾 28」型，進步到 1933 年的「寇吉奈(Couzinet)70」型三引擎運輸機「彩虹」(Arc-en-ciel)號，以及 1934 年的「拉提柯爾 300」型四引擎飛艇，可是可靠性卻沒有很大的改善。這些勇敢的飛行員卻

能默默的從事這種危險性很高,而且並非能夠「一飛成名」的航線飛行,實在是一件令人敬佩的事情。

　　率領勇敢的飛行員飛行的強‧梅摩茲,難免也有遭逢霉運的時候。1936 年 12 月 7 日,他駕駛「拉提柯爾 300」型「南十字星」(Croix du Sud)號飛艇,從達卡飛往納塔爾途中,由於引擎故障,不幸在南大西洋失蹤,他所熱愛的飛行生涯也因而劃下了休止符。

11.關聯郵票介紹

　　接下來介紹和前述幾種創記錄飛行有關的郵票。

(1)首次從英國飛到澳大利亞。1969 年是澳大利亞人凱斯‧史密斯和羅斯‧史密斯兄弟從英國飛到澳大利亞的五十週年紀念。澳大利亞、英國以及史密斯兄弟曾在航程中降落的印尼都發行了紀念郵票。首先是英國在該年 4 月 2 日發行了一套 5 枚,包含各種週年紀念的郵票。其中面額 1sp9p 者(圖 14-1),圖案繪有史密斯兄弟使用的維克斯「維梅」式轟炸機。印尼則在同年 9 月 1 日發行一套 2 枚的郵票,其中面額 75r 者(圖 14-2)印有「維梅」式機和印尼的波羅普渡廟;面額 100r 者(圖 14-3)印有「維梅」式機和印尼的地圖。澳大利亞則在 11 月 12 日發行了一套 3 枚、面額各為 5c 的郵票,其中的 1 枚(圖 14-4)也印有「維梅」式機。

(2)首次飛越南大西洋。1969 年 10 月 22 日,葡萄牙為了紀念柯季紐將軍誕生一百週年發行了一套 4 枚的郵票,其中面額 1e 及 3.30e 者

圖 14-1

圖 14-2

圖 14-3

……長距離航線的開拓……

(圖 14-5)印有柯季紐的側面像和「費爾利 IIID」型水上飛機。1972
年是卡布拉魯和柯季紐飛越南大西洋五十週年紀念，當年 11 月 15
日，葡萄牙發行了一套 4 枚的紀念郵票，其中面額 1e 者(圖 14-6)及
2.8e 者印有卡、柯兩人的側面像和前述水上飛機。面額 2.5e 及 3.8e
者(圖 14-7)印有南大西洋的地圖及飛行的路線。同樣是 1972 年，當
時的葡萄牙海外領地也分別發行了一套 1 枚、圖案各異的紀念郵票；
此處僅介紹葡屬幾內亞在 9 月 20 日發行、面額 1e 者(圖 14-8)，圖
案印有卡、柯兩人從里斯本出發時使用的「露西塔尼亞」(Lusitania)
號水上飛機。

(3)首度中途不著陸飛越南大西洋。法國曾於 1981 年 9 月 12 日發行
了 1 枚紀念柯斯特和魯布里中途不著陸飛越南大西洋的郵票(圖
14-9)，圖案繪有柯、魯兩人的肖像和飛行於地球上的「布萊蓋 19G.R」
型「南澤塞‧柯里」號雙翼機。此處順便介紹法國為紀念南澤塞和柯
里試圖由東向西飛越大西洋失蹤四十週年，曾於 1967 年 5 月 8 日發

圖 14-4

圖 14-5

圖 14-6

圖 14-7

圖 14-8

行了 1 枚面額 40 分的郵票(圖 14-10)，郵票上繪有南、柯兩人的肖像和他們的「路華斯魯 PL-8」型「白鳥」號雙翼機。

(4)首次飛越太平洋。1978 年是金斯福特-史密斯和巫魯姆等人首度自美國加州飛抵澳大利亞的五十週年紀念，澳大利亞和斐濟都發行了和此項飛行有關的紀念郵票。澳大利亞於當年的 4 月 19 日，以澳大利亞的飛行家與飛機為主題，發行了一套 4 枚面額各為 18 分的郵票，其中的 1 枚(圖 14-11)印有金斯福特-史密斯和「南十字星」號單翼機；另 1 枚(圖 14-12)印有巫魯姆和「南十字星」號。同年 6 月 26 日，斐濟也發行了一套 4 枚和飛行事蹟有關的郵票，面額 4 分者(圖 14-13)繪有「南十字星」號在斐濟落地後，受到斐濟防衛軍包圍的情形；面

圖 14-9

圖 14-10

圖 14-11

圖 14-13

圖 14-12

圖 14-14

……長距離航線的開拓……

額 15 分者(圖 14-14)繪有準備起飛繼續飛往澳大利亞的「南十字星」號。另外，澳大利亞和紐西蘭同在 1958 年 8 月 27 日，為紀念金斯福特-史密斯首先飛越澳大利亞和紐西蘭間的塔斯曼海(Tasman Sea)三十週年，同時發行了面額各為 8p 和 6p 的郵票(圖 14-15、14-16)，圖案繪有金斯福特-史密斯的肖像、「南十字星」號和真正的南十字星圖。

(5)首次飛越南極。1979 年 6 月 20 日，澳大利亞屬南極地區為了紀念理查·巴德少將飛越南極五十週年，曾經發行了一套 2 枚的郵票，其中面額 20c 者(圖 14-17)繪有巴德少將的肖像、「佛羅伊德·貝奈特」號三引擎單翼機和南極的地圖；面額 55c 者(圖 14-18)繪有巴德少將的肖像和「佛羅伊德·貝奈特」號。1985 年 12 月 25 日，羅馬尼亞曾以世界上的發明家和探險家為主題，發行了一套 8 枚的郵票，其中面額 5l 者(圖 14-19)繪有巴德少將的肖像和「佛羅伊德·貝奈特」號。1988 年 9 月 14 日，美國曾經發行了一套 4 枚面額各為 25c、有

圖 14-15　　　　圖 14-16

圖 14-17

圖 14-18

圖 14-19

關極地探險的郵票,其中的 1 枚(圖 14-20)也繪有理查·巴德的側面像和「佛羅伊德·貝奈特」號。

(6)首次由女性單獨駕機自英國飛抵澳大利亞。匈牙利為了紀念萊特兄弟動力飛行成功七十五週年,曾於 1978 年 5 月 10 日發行了一套 7 枚加小全張 1 枚的紀念郵票,其中面額 3fo 的 1 枚(圖 14-21)印有艾美·強生和她的丈夫詹姆士·摩利生的肖像,以及「鞦韆蛾」式雙翼機。位於西印度群島、現由美國託管的格瑞納達·格瑞納定,曾於 1981 年 10 月 13 日發行了一套以航空史上的名女性飛行家為主題,全套 4 枚加小全張 1 枚的郵票,其中面額 30 分者(圖 14-22)印有艾美·強生和她的座機「婕生」號。

(7)首度以飛機完成環球飛行。1979 年 11 月 20 日,美國為了紀念這一位兩度完成環球飛行的威里·波斯特,曾經發行了一套 2 枚連刷、面額各為 25c 的郵票(圖 14-23),其中的 1 枚印有帶著單眼眼罩的波斯特和他的座機「維尼·梅」號,另外 1 枚印有穿著高空耐力裝的

圖 14-20

圖 14-22

圖 14-23

圖 14-21

……長距離航線的開拓……

波斯特肖像。1983 年 9 月 19 日，位於西印度群島、現由美國託管的蒙塞拉特為了紀念人類升空兩百週年,曾經發行了一套 4 枚加小全張 1 枚的郵票,其中面額 1.50 元者(圖 14-24)印有「維尼‧梅」號飛行中的英姿。1987 年 8 月 14 日,位於非洲東部的烏干達曾經發行了一套 9 枚、以交通的革新為主題的郵票,其中面額 5sh 者(圖 14-25)也繪有「維尼‧梅」號。

圖 14-24

圖 14-25

(8)首度中途不著陸飛越北太平洋。截至 2020 年底為止,世界上似乎還沒有任何國家或地區,發行過與班古朋和韓頓兩人以貝蘭卡「天空火箭」式單翼機「維多爾小姐」號飛越北太平洋有關的郵票。這件事情的發展和他們日後的際遇多少有點關聯:班古朋和韓頓成功飛越北太平洋之後不久,「維多爾小姐」號就被一位義大利醫生買去當作他旅遊的座機。可是這架「維多爾小姐」號卻在幾年後,在大西洋上空飛行時失去蹤影。1941 年 12 月,日本以強大的海、空軍偷襲夏威夷珍珠港,引發第二次世界大戰,美、日成了交戰國,這件不著陸飛越北太平洋的往事也逐漸被美、日兩國人民遺忘。1945 年 8 月,第二次世界大戰結束,日本成了戰敗國,經濟蕭條了很長一段時間。經濟復甦後,人民又記起這一段往事,1981 年 10 月 4 日,日本青森縣三澤市的民眾為了紀念「維多爾小姐號」飛越北太平洋五十週年,與美國華盛頓州的威那奇市締結為姊妹市,並繼續保持友好的關係。

(9)女性首度單獨駕機飛越北大西洋。最早發行和阿美莉亞‧伊爾哈特有關的郵票是美國。1963 年 7 月 24 日，美國發行了一枚面額 8 分的郵票，上面印有伊爾哈特修長的身影和洛克希德「艾勒克特拉 10A」型機(圖 14-26)。1967 年 6 月 3 日，位於南美的蘇利南曾經發行了一套 2 枚面額各為 20 分及 25 分的郵票(圖 14-27)，郵票上印有阿美莉亞的側面像和「艾勒克特拉 10A」型機。1982 年 12 月 4 日，非洲的剛果為紀念伊爾哈特單獨駕機飛越北大西洋三十週年，發行了 1 枚面額 150 法郎的郵票(圖 14-28)，圖案印有伊爾哈特的肖像和她的座機洛克希德「織女星」式機。1987 年 6 月 15 日，由美國託管的馬紹爾群島為紀念伊爾哈特最後的環球飛行五十週年，曾經發行了 4 枚面額各為 44 分的連刷郵票(圖 14-29)，圖案分別為伊爾哈特最後

圖 14-26

圖 14-29

圖 14-27

圖 14-28

……長距離航線的開拓……

從新幾內亞起飛、在附近海域待命的美軍巡邏艇、可能墜機的地點及被日軍的觀測船發現等的情形。

(10)南大西洋航線的開拓。首先介紹和聖‧艾修伯里有關的郵票。聖‧艾修伯里不僅是一位飛行員，也是一位非常有名的作家。1978 年 10 月 25 日，位於非洲中部的查德為了紀念萊特兄弟動力飛行成功七十五週年，曾經發行了一套 5 枚加小全張 1 枚的郵票，其中面額 40 法郎者(圖 14-30)印有低頭沉思的聖‧艾修伯里，和他的座機「拉提柯爾 28」型水上飛機。1989 年 8 月 30 日，位於非洲西部的塞內加爾發行了一套 3 枚以他所寫的小說為主題的郵票，面額 220 法郎者(圖 14-31)是以他的側面像、小說《夜間飛行》及「摩蘭‧索魯涅 A1」型雙翼機為圖案。接下來介紹和強‧梅摩茲飛越南大西洋有關的郵票。塞內加爾曾在 1966 年 12 月 7 日，以梅摩茲去世三十週年名義，發行了一套 4 枚航空郵票，其中面額 20 法郎者(圖 14-32) 印有他的座

圖 14-30

圖 14-31

圖 14-32

圖 14-33

機「寇吉奈 70」型三引擎運輸機「彩虹」號；面額 35 法郎者(圖 14-33)
印有他失蹤時駕駛的「拉提柯爾 300」型「南十字星」號飛艇。1980
年是強・梅摩茲首先飛越南大西洋五十週年紀念，受惠國之一的巴西
曾在該年 6 月間發行了一枚面額 4cr 的航空郵票(圖 14-34)，郵票上
印有「拉提柯爾 28」型水上飛機的英姿。同年 7 月 16 日，加彭也以
該項主題發行了一套 2 枚的郵票，其中高面額 1,000 法郎者(圖 14-35)
印有梅摩茲的肖像和「拉提柯爾 28」型水上飛機。同年 12 月，塞內
加爾也以該項主題發行了 1 枚面額 300 法郎的郵票(圖 14-36)，圖案
印有梅摩茲和另外兩位他的英勇的同伴、達布里(J.Dabry)和吉米耶
(L.Gimie)的肖像。

圖 14-34

圖 14-35

圖 14-36

二、齊柏林飛船的興衰

1. 戰場上首遇氣球

在前面幾節中提到，重於空氣的航空器(飛機)逐漸受到世人重視的同時，輕於空氣的航空器(氣球、飛船等)也在二十世紀初始到三十年代的中期之間，產生了極為明顯的進展，那就是德國的硬式飛船的出現。

飛船的前身--氣球是在 1783 年間，由法國人蒙哥菲爾兄弟發明的。其後經過一百多年的演進，從最早隨風飄遊的氣球進步到裝有動力、可以駕馭飛行的飛船，在動力及操控技術上有了很大的進展。可是基本上，飛船的機身仍然以軟質而且塗有防水漆的布料或橡膠製成，機身的形狀仍然會依照內部充氣壓力的變化而改變，因此不容易把機身做成很大。改變這種狀況，把飛船做成硬式而且具有流線型形狀的，就是德國的貴族菲迪南‧馮‧齊柏林(Ferdinand von Zeppelin，1838—1917)伯爵。

齊柏林誕生於德國和瑞士交界的博登湖(同一個湖，在瑞士則稱為康士坦茲湖)畔，從瑞士的一邊突出於湖中，卻是德國領土的康士坦茲鎮。和許多貴族的小孩一樣，他從小就被父親送往路德維希布魯克的陸軍士官學校接受軍事教育。1858 年畢業後隨即授階擔任少尉軍官，配屬於舒特加爾特的第八聯隊。可是，凡事追求精實，喜歡冒險的齊柏林不耐平凡單調的軍隊生活，又以軍人的身分進入朱賓根大學的工學院就讀；後來還在 1863 年 4 月，遠赴美國加入南北戰爭時的北軍，實際體驗了戰爭。被後人尊稱為「飛船之父」的他，就是在這個時候首次接觸到氣球，在聖保祿乘坐氣球升空。他察覺到，這種新的兵器雖然具有帶給未來的戰爭極大改變的可能，可是卻也對這種只能固定於一點，完全無法移動的繫留氣球感到不滿。

1863 年 11 月，他從美國回到德國，繼續他的軍旅生涯。由於負責盡職，加上他聰明過人，因此不斷地獲得升遷。1866 年的奧普戰爭和 1870 年的普法戰爭，他都親身參與，並且建下英勇的戰功。特別是，在普法戰爭中，法軍曾經以氣球從被普魯士軍包圍的巴黎運送信件到圍城外的地區，甚至連法國的內政部長甘貝塔也從巴黎乘坐氣球逃到臨時政府所在地的吐魯報告戰況等；這些情況，他都曾經詳細查詢，而且更增強了他對氣球必定能夠成為交通工具的信念。

此後，齊柏林繼續發揮他擔任軍職的才能，並且在 1889 年間晉升為中將。1890 年 12 月，當他 52 歲時決心退出軍旅生涯，展開他的第二個人生。為了一圓他長久以來抱持的夢想，他開始著手飛船的研究。當時，已經是先進國家的法國曾經製作了好幾艘軟式飛船，其中的一艘由魯納爾和克雷布斯設計、1884 年首飛、全長 50.4 公尺、最大直徑 8.4 公尺、氣體容量 1,864 立方公尺、裝有 8 馬力電動馬達的「法國」(La France)號飛船，其進步的程度已經到了最高時速 23.4 公里，並能準確飛回起飛地點的地步。可是齊柏林的構想卻要比這一艘「法國」號更為先進，遠遠超出當時的飛船應有的常識。依照他的構想設計出來的 LZ-1 號飛船(LZ 為德文 "齊柏林飛船" Luftshiff Zeppelin 的縮寫)，全長 128 公尺、最大直徑 11.7 公尺、氣體容量 11,300 立方公尺、裝有兩具 16 馬力煤油引擎、可以搭載 5 人，時速可達 28 公里。

2. 硬式飛船的誕生

他的計劃公布之後幾乎驚動了所有的德國人，世人也稱他為「瘋狂的齊柏林」(Crazy Zeppelin)。當時，由德國的物理學權威賀姆赫茲博士率領的德國國王諮詢委員會，也認為他計畫中的巨型怪物沒有飛天的可能，並將他的計畫擱置。可是齊柏林並不死心，繼續為他的

 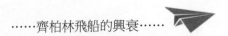

計劃奔走宣傳，經協會人員詳細檢討計算後認為有飛上天空的可能，並且發表應該支持他完成計畫的言論。經過他不斷的奔走努力，德國人於是轉而支持他的計畫；不斷湧到的捐款，加上他自己的積蓄，齊柏林終於在 1898 年募集到 80 萬馬克，開始成立齊柏林飛船公司。此時，他已經 60 歲。

　　LZ-1 號從 1899 年開始建造，LZ-1 號的雪茄形船身是由 15 個鋁合金護環製作的肋材，以 24 支也是鋁合金製的縱向桁材連接，然後在這個骨架上以棉布包覆，船身裡面則裝有 16 個氣囊。這種構造的形式從 LZ-1 號一直延續到 LZ 系列最後的 LZ-130 為止。船身下方前後各有一個吊籃，分別裝有一具 16 馬力的煤油引擎，每具引擎分別驅動左右兩個螺旋槳，船身並未裝設安定板及舵面，上、下傾的姿勢是以前後移動的重錘調整。

　　1900 年 7 月 2 日，LZ-1 號在齊柏林親自指揮下，在博登湖上進行首飛。在許多看熱鬧的群眾歡呼聲中，這個龐然大物緩緩上升到 400 公尺的高度，飛了大約 6 公里的距離。雖然已經達成這樣的成績，可是很明顯的，它還是具有船身剛性不足，無法操控的缺點，因此未能獲得政府當局及相關人士的認可，經費無法核下，齊柏林飛船公司立即陷入財政困難的窘境中。這樣的結果當然也影響到接下來的計畫，LZ-2 號遲到 1906 年 1 月 17 日才得以首飛。從 LZ-1 號到 LZ-2 號，足足過了五年半的時間。

　　LZ-2 號雖然船身剛性已有明顯的改善，而且也把動力增強為兩具 85 馬力引擎，可是操縱性不良的缺點仍然存在。而且不幸的是，首飛時由於引擎故障而迫降，繫留於地面時卻在夜間受到強大風雨的襲擊，船身因而嚴重受損，無法繼續飛行。LZ-3 號則幸運地受到皇室的支持，並在 1906 年 10 月 9 日，在國王和王后前面進行首飛；

由於在船身後部加裝了水平安定板、垂直安定板、升降舵及方向舵等，因此性能獲得很大的改善。1907 年間，LZ-3 號作了多次試驗飛行之後，首先達成滯空 8 小時，飛行距離 350 公里的記錄。齊柏林伯爵長久以來的努力終於獲得回報，硬式飛船也發展成為能夠讓人信賴的交通工具。此時，齊柏林伯爵已經 69 歲。

1908 年 6 月 20 日首飛的 LZ-4 號性能獲得了更多的改進。這一艘全長 136 公尺、最大直徑 13 公尺、氣體容量 15,000 立方公尺、裝有 105 馬力引擎兩具的 LZ-4 號，具備了能夠搭載機員 11 名、乘客 14 名、最高時速 50 公里、續行距離 145 公里的性能，把當時的飛機遠遠拋在後頭。

1908 年 8 月 4 日，齊柏林決定向政府要求達成的 24 小時連續飛行挑戰。當然這一項測試仍然由齊柏林伯爵親自領軍，預定的行程從博登湖畔的福萊德利希哈芬出發，沿著萊茵河經過幾個城市後飛回原地，全程大約 700 公里。開始時飛行相當順利，各地的民眾看到飛翔在天空中的龐然大物，都以熱烈的歡呼聲援。可是到了傍晚，卻因引擎故障而迫降地面，經緊急修理後再度升空。可是沒多久，再度因為引擎故障而迫降繫留於艾西塔丁根附近。不巧的是，當天晚上天氣突然轉壞，LZ-4 號被強風吹得在地面上不斷地搖晃，在船身猛烈撞擊地面時，不慎引起火花而引燃船身內的氫氣，飛船隨即爆炸燃燒，這一艘背負著德國民眾期望的 LZ-4 號立刻變成了一堆扭曲變形的骨架殘骸。

自從 LZ-3 號誕生以來，齊柏林飛船時常進行長時間的飛行試驗，德國的民眾也時常有機會看到這種優雅飛行的飛船，對這位在未知的領域中開拓並且獲得如此偉大成果的齊柏林伯爵極為敬佩。因此這個突如其來的慘痛事故造成極大的迴響，立刻引起全國民眾的同

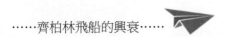

……齊柏林飛船的興衰……

情，捐款也從全國各地不斷地湧到，沒多久就彙集了 625 萬馬克的巨款。以當時的幣值而言，這一筆款項約可製造十隻 LZ-4 號級的飛船。有了這一筆基金之後，齊柏林伯爵過去幾年來遭遇的資金不足問題立刻獲得解決，開發飛船的計畫從此得以順利進行，也因而在往後的二十幾年中，陸續製造了數逾百隻的飛船，奠定了他硬式飛船王國的地位。

3. 創設齊柏林飛船公司

1909 年 11 月，以飛船為運輸工具的歷史上第一家航空公司 DELAG， 在德國的法蘭克福成立，並從翌年的 6 月，以 LZ-7「德國」(Deutshland)號飛船開始德國國內定期航線的營運。

第一次世界大戰開戰前後，齊柏林飛船公司為德國軍方建造了數十隻飛船。這些飛船大多用於敵情的偵察，部分則用於轟炸敵軍陣地的任務等。戰事轉劇後，甚至曾有十數隻飛船飛越英吉利海峽，前往倫敦等英國的城市進行轟炸任務。不過由於飛船的體形龐大，飛行的高度又多在數千公尺程度，容易受到強風吹襲的影響，以致無法飛到預定的投彈地區，加上當時還沒有精準的投彈瞄準設備，因此造成的損傷程度相當有限。不過，龐然大物飛臨頭上所造成的威嚇效果卻遠比轟炸的實際效果大。

1917 年 3 月 8 日，在第一次世界大戰仍然進行當中，齊柏林伯爵因病去世，享年 78 歲。此後，他的飛船事業改由他的得力助手雨果‧艾肯諾(Hugo Eckener,1868—1956)博士繼續經營。1924 年 8 月 24 日，一艘美國海軍訂購的硬式飛船 LZ-126，由艾肯諾博士親自率領，從德國飛越大西洋前往美國交貨。交給美軍後，這一艘飛船改稱 ZR-3「洛杉磯」(Los Angeles)號。「洛杉磯」號在二零年代後半也曾有過相當風光的時期，1932 年，由於美國陷入經濟蕭條，無法

負擔龐大的維持費用而提前除役。

　　1928 年 9 月 18 日，一艘以「齊柏林伯爵」(Graf Zeppelin)為名的豪華飛船首度升空。這一艘飛船可以說是集過去二十幾年來所有齊柏林硬式飛船的大成，除了性能優異外，船艙內設有二十幾間乘客的臥室和豪華的餐廳等。同年 10 月，這一艘全長 236 公尺、體形優雅的飛船首次飛越大西洋訪問美國。1929 年 8 月 8 日，「齊柏林伯爵」號從美國紐澤西州的雷克赫斯特出發，向東飛行，途經德國弗萊德利希哈芬、日本東京、美國加州洛杉磯後飛回原地，以 21 天 7 小時 34 分的時間創下環繞地球一周的記錄。其後，首先開創飛越大西洋、來往歐洲及北美洲間的定期航線，並曾飛往南美及蘇俄列寧格勒等地；到它 1937 年 5 月停止營運為止，總營運飛行距離超過 160 萬公里，載客數達 13,100 人次，飛越大西洋 140 次，是三零年代前半最有名的交通工具。

4. 盛極而衰的齊柏林飛船

　　繼「齊柏林伯爵」號之後，齊柏林飛船公司又在 1935 年間開始建造更大更豪華的商用飛船 LZ-129「興登堡」(Hindenburg)號。這一艘飛船全長 245 公尺、最大直徑 45 公尺、裝有 1,100 馬力柴油引擎四具，最高時速可達 130 公里。在它的船艙內設有能夠容納七十位乘客的臥室和能夠存放 13 噸貨物的儲物間。裝設優雅的餐廳可以供應葡萄酒和啤酒，交誼廳裡甚至還擺了一台平台鋼琴，其豪華的程度幾乎不比大型郵輪遜色。

　　「興登堡」號飛船於 1936 年 3 月 23 日首飛，並且立即加入歐美定期航線的行列。由於管理得當，從「齊柏林伯爵」號飛航以後的五、六年來都沒有發生任何重大的事故，即使在大西洋上空遇到暴風雨，也都能夠設法避開，安然抵達目的地。於是，人們對飛船的不信

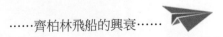

……齊柏林飛船的興衰……

任和恐懼感逐漸消失，齊柏林飛船公司的業績達到空前良好的境界。

可是就在這種一帆風順的情況下，1937 年 5 月 6 日傍晚，「興登堡」號從歐洲飛抵美國，準備在紐澤西州雷克赫斯特的起降站繫留時，突然引起火災發生爆炸，飛船內易燃的氫氣囊接連爆炸燃燒，在幾分鐘內，「興登堡」號被烈焰吞噬得僅剩下一堆扭曲變形的骨架殘骸，船上的乘客和機員 97 人中，共有 35 人喪生，生還的 62 人也都受到輕重不一的灼傷。這個消息立刻震驚了全世界，並且再度引起世人對飛船的恐懼感，「齊柏林伯爵」號不再有人敢於搭乘，因此也在隨後從南美飛回德國後停止營運。

事後，艾肯諾親自率領專家調查的結果，認為原因可能出在飛船下降準備繫留時，由於纜繩中的一條斷裂打到船身引起火花，因而引燃漏出的氫氣所造成。不過無論原因為何，最主要的因素還是由於使用易燃的氫氣所致，因此這一次的悲劇也促使飛船界改用價格昂貴的氦氣的趨勢。

1938 年 9 月 14 日，LZ-130「齊柏林伯爵 II 世」號飛船首飛。由於當時的德國還無法製造大量的氦氣，因此仍然使用氫氣。這一艘被稱為「歷史上最後的硬式飛船」的 LZ-130 號，也在從未進行商業飛行的情況下，在第二次世界大戰爆發前的緊張局勢中，由當時的德國空軍元帥格林下令，1940 年 5 月 8 日，連同繫留棚一起遭到爆破銷毀的命運。齊柏林伯爵和艾肯諾博士三十幾年來辛苦建造的飛船王國，就此完全終結，並且成為歷史。

5. 關聯郵票介紹

接下來介紹和前述飛船有關的郵票。首先是齊柏林開創事業的創業作 LZ-1 號飛船。齊柏林的祖國德國曾在 1978 年 4 月 13 日，發行了一套 4 枚為贊助青年福祉的附捐郵票，其中面額 40pf+20pf 者(圖

15-1)印有飛行中的 LZ-1 號飛船。2000 年是齊柏林硬式飛船首飛一百週年紀念，德國也在當年 7 月 13 日發行了 1 枚面額 110pf 的郵票(圖 15-2)，圖案繪有 LZ-1 號飛船在博登湖上試飛的情形。1976 年 5 月 11 日，位於西非的上伏塔(已於 1984 年改名布吉納‧法索)為紀念齊柏林硬式飛船首飛七十五週年，曾經發行了一套 6 枚加小全張 1 枚的郵票，這一枚面額 500 法郎的小全張(圖 15-3)除了繪有 LZ-1 號飛船在博登湖上試飛的情形外，也繪有齊柏林伯爵和他的兩位得力助手，艾肯諾博士和杜爾博士的肖像、繫留棚及發動機組等。1992 年是齊柏林伯爵逝世七十五週年紀念，全世界共有二十一個國家或地區以這一項主題發行了紀念郵票。位於加勒比海的格瑞那達曾在當年的 12 月間發行了一套 2 枚加小全張 1 枚的郵票，其中面額 25 分的郵票(圖 15-4)繪有 LZ-1 號飛船在博登湖上試飛的情形。

　　接下來介紹的郵票是關於在試飛途中焚毀，卻因禍得福，反而贏得廣大德國人民的同情，並且獲得大量捐款的 LZ-4 號飛船。位於非洲西部的茅利塔尼亞曾於 1977 年 6 月 28 日，為紀念齊柏林飛船首飛七十五週年，發行了一套 6 枚加小全張 1 枚的郵票，其中面額 5um 者(圖 15-5)繪有 LZ-4 號飛船從繫留棚上方飛過的情形。1987 年 4 月 30 日，北韓曾以交通及通訊的進步為主題，發行了一套 8 枚的郵票，其中面額 30w 者(圖 15-6)繪有齊柏林伯爵的肖像和飛行中的 LZ-4 號飛船。

圖 15-1

圖 15-2

圖 15-4

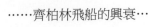
……齊柏林飛船的興衰……

圖 15-3

圖 15-5

圖 15-6

　　再下來介紹和首先開辦德國國內航線的 LZ-7「德國」號飛船有關的郵票。前面所述上伏塔為紀念齊柏林硬式飛船首飛七十五週年為主題，發行一套 6 枚加小全張 1 枚的郵票中，面額 10 法郎者(圖 15-7)繪有從弗萊德利希哈芬鎮上飛過的 LZ-7「德國」號飛船。1978 年 2月 13 日，格瑞納達也以前述主題發行了一套 7 枚加小全張 1 枚的郵票，其中面額 2 分者(圖 15-8)也繪有飛行中的 LZ-7「德國」號飛船。

　　接下來介紹和美國訂製、後來成為美國海軍 ZR-3「洛杉磯」號的 LZ-126 號飛船有關的郵票。1975 年 4 月 28 日，百慕達為紀念「洛杉磯」號在 1925 年 4 月間，首度從美國紐約州雷克赫斯特鎮運送郵件至百慕達五十週年，發行了一套 4 枚的郵票，其中面額 17 分者(圖 15-9)印有繫留中的「洛杉磯」號飛船。1977 年 10 月 31 日，馬爾地夫為紀念可操縱飛船首飛七十五週年及林白飛越大西洋五十週年，發行了一套 8 枚加小全張 1 枚的郵票，其中面額 1r 者(圖 15-10)印有繫留中的「洛杉磯」號飛船。

圖 15-7

圖 15-8

圖 15-9

圖 15-10

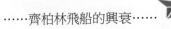

……齊柏林飛船的興衰……

　　接下來介紹的郵票是關於首先開辦歐洲與美洲間的定期越洋航線，曾經飛越大西洋一百次以上，並且首先完成環球飛行的 LZ-127「齊柏林伯爵」號飛船。在「齊柏林伯爵」號全盛時期的 1920 年代後半到 1930 年代前半期間，德國、美國、義大利、希臘、列之登斯頓及蘇俄等國都曾發行有關「齊柏林伯爵」號飛船的紀念郵票。可惜這些郵票由於發行年代較早，存世不多等原因，因此售價都相當昂貴，實非一般人能夠購買收藏的。這裡僅介紹一些比較後期發行、價格較為大眾化的郵票。首先是德國在 1934 年 1 月 21 日發行、一套 11 枚的航空郵票，其中面額 3 馬克者(圖 15-11)繪有齊柏林伯爵的肖像和「齊柏林伯爵」號飛船。1992 年是齊柏林伯爵逝世七十五週年，德國為此也在當年 2 月 6 日發行了一枚面額 165pf 的郵票(圖 15-12)，圖案也印有齊柏林伯爵和 LZ-127 號飛船。接下來比較早期的是，古巴曾於 1955 年 11 月 12 日，以世界上的名飛行器為主題，發行了一套 5 枚的郵票，其中面額 24 分者(圖 15-13)，也印有 LZ-127「齊柏林伯爵」號飛船。

　　1975 年和 1977 年分別是齊柏林硬式飛船首飛七十五週年及林白飛越大西洋五十週年紀念。世界上約有三十幾個國家或地區，在這三年間為前述兩項主題發行了相關的紀念郵票；這裡介紹其中幾枚比較具有代表性者。首先是位於非洲東南方、印度洋上的大島馬拉迦西，曾於 1976 年 3 月 3 日發行了一套 6 枚加小全張 1 枚的郵票。這

圖 15-11

圖 15-12

圖 15-13

一枚小全張(圖 15-14)上印有飛行中體形優美的 LZ-127 號飛船、齊柏林伯爵和他的兩位得力助手：艾肯諾博士和杜爾博士的肖像。小全張上面額 450 法郎的郵票則繪有從羅馬聖彼得大教堂上空飛過的 LZ-127 號飛船。位於非洲西部的象牙海岸，也在 1977 年 9 月 3 日發行了一套 5 枚加小全張 1 枚的郵票，其中面額 300 法郎者(圖 15-15)印有從埃及的金字塔及人面獅身像上空飛過的 LZ-127 號飛船。位於東歐的匈牙利也在 1977 年 11 月 1 日，發行了一套 7 枚加小全張 1 枚的郵票；這枚小全張(圖 15-16)上繪有 LZ-127 號飛船在 1929 年間，完成環球飛行時的路線圖。小全張上面額 20ft 的郵票則繪有

圖 15-14

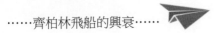

LZ-127 號飛船在 1931 年 3 月 27 日，從匈牙利首都布達佩斯上空飛過的情形。

　　最後介紹比較近期的郵票。1980 年 6 月間，巴西為紀念 LZ-127 號飛船飛越大西洋五十週年，發行了一枚面額 4Cr 的郵票(圖 15-17)，圖案繪有 LZ-127 號飛船及 "50" 字樣。1984 年 5 月 7 日於西非的幾內亞共和國曾經發行了一套 6 枚加小全張 1 枚、以交通工具為主題的郵票，其中面額 7s 者(圖 15-18)繪有飛行中的 LZ-127

圖
15-15

圖 15-17

圖
15-16

135

號飛船。

　　接下來介紹的郵票是關於在美國紐約州雷克赫斯特鎮焚毀，造成 35 人喪生的慘劇，也因而造成硬式飛船時代結束的 LZ-129「興登堡」號飛船。德國曾在 1936 年 3 月 16 日，「興登堡」號首飛前 10 天，發行了一套 2 枚、面額各為 50pf 及 75pf 的航空郵票(圖 15-19)，圖案繪有飛行中的「興登堡」號。1977 年 5 月 18 日，位於非洲西部的尼日共和國曾以紀念齊柏林硬式飛船首飛七十五週年，發行了一套 5 枚加小全張 1 枚的郵票，其中面額 40 法郎者(圖 15-20)印有在景色優美的康士坦茲湖上飛行的 LZ-129 號飛船。1992 年是齊柏林伯爵逝世七十五週年，位於西印度群島的安地瓜・巴布達，曾在當年發行了一套 2 枚加小全張 1 枚的郵票，這枚面額 6 元的小全張(圖 15-21)印有飛行中的「興登堡」號雄姿。格瑞納達屬地格瑞納定也在同年的

圖 15-18

圖 15-19

圖 15-20

……齊柏林飛船的興衰……

11 月，發行了一套 2 枚加小全張 1 枚的郵票，其中面額 5 元的郵票(圖 15-22)印有在繫留架上燃燒中的「興登堡」號。1992 年 10 月 28 日，位於印度洋上的馬爾地夫曾以宇宙間的神秘事件為主題，發行了共達 16 枚的小全張，其中面額 25r 的 1 枚(圖 15-23)也印有燃燒中的「興登堡」號飛船。

　　最後介紹的郵票是關於雖已製造完成，卻未能正式使用的 LZ-130「齊柏林伯爵 II」號飛船。尼日共和國在 1977 年 5 月 18 日發行的郵票中，面額 300 法郎者(圖 15-24)印有 LZ-130 號試飛時，從艾森市上空飛過的情形。茅利塔尼亞在 1977 年 6 月 28 日發行的

圖
15-21

圖
15-22

郵票中，面額 60um 者(圖 15-25)印有 LZ-130 號飛船試飛時，在瑞士境內阿爾卑斯山脈上空飛行的情形。

圖

15-23

圖

15-24

圖

15-25

⋯⋯齊柏林飛船的興衰⋯⋯

三、民用航空的發展

1. 民航公司的誕生

　　第一次世界大戰之後，飛機的性能逐漸獲得改善，可靠性也大幅提升。飛機從原來的冒險家用來優遊翱翔、滿足嗜好的器物，逐步發展成為能夠運貨載人的交通工具。於是，運用飛機運輸郵件、人員以及貨物的航空公司也從 1919 年起應運而生，飛機有了新的發展方向。

　　首先開辦民用航空的是德國的理德萊航空公司；他們以第一次世界大戰後除役閒置的轟炸機加以改裝，自 1919 年 2 月 5 日開始柏林經萊比錫至魏瑪間、每天一個來回的航線。不過運輸能力只有每班次載客兩人，而且開放式的座艙還無法顧及乘客是否舒適。同年 3 月 22 日，法國的法爾曼公司也以一架法爾曼「巨人」式轟炸機開始營運巴黎到布魯塞爾間的航線。同年 8 月 25 日，英國的飛機運輸與旅行公司以「迪哈維蘭 D.H.16」型運輸機，首先開辦倫敦希斯羅機場至巴黎路布魯杰機場間的越海國際航線。基於實際需要，部分當時的飛機上已經設有比較舒適的座艙，有的甚至還提供毛毯及裝有熱水等的禦寒物品。為了飛航安全，有些航空公司也開始設法對飛機上的駕駛員提供最新的氣象資料，以及規定去程與回程必須以不同的高度飛行，以免相撞等措施。這個新興的事業，已經逐漸構築出它應有的樣貌。

　　為了安全及因應長距離飛行的需要，航空公司對飛機性能的要求也逐漸提高，多引擎飛機或裝有大馬力引擎的飛機也開始問世。1924 年 4 月成立的英國帝國航空公司就曾規定，公司的機隊必須採用雙引擎以上的飛機。在這種趨勢下，裝有三具引擎的「福克 FVIIb/3m」型高單翼機和「容克斯 Ju52/3m」型全金屬低單翼機，也就成了很受歡迎的機型。1927 年間，前述的英國帝國航空公司首先把倫敦至

巴黎的班機命名為「銀翼」(Silver Wing)號,並且在中午飛航的班機上供應餐點,首開在飛機上供餐的例子。

美國由於參與第一次世界大戰的時間較短,國內較少閒置不用的飛機可供發展運輸事業,加上國土廣大,以當時的飛機性能而言,還無法和可以日夜奔馳的火車相抗衡,因此初期多以舊式的雙翼機辦理有政府補助的郵件運輸為主。這些飛機包括「波音 40A」型單引擎雙翼機,及寇蒂斯「兀鷹」(Condor)式雙引擎雙翼機等。

基於長程國際航線的需要,1930 年代初期還發展出幾種能夠從港灣內或湖泊的水面起降,緊急時還能迫降於海面的大型飛艇。比較有名的有:德國「多魯涅 Do-J」型「鯨」(Wal)式雙引擎飛艇,巨型的 Do-X 型 12 引擎飛艇,美國泛美航空公司用來發展長距離國際航線、一系列以「飛剪」(Clipper)為名的「席考斯基 S40/42」型四引擎飛艇,以及英國「蕭特 S.23」型「帝國」(Empire)C 級四引擎飛艇等。

1930 年代初期是美國民航事業的轉捩點,美國國內的許多小型航空公司經過整合之後,形成了聯合航空、大陸及西方航空、東方航空及美國航空等四大航空公司分據的局面。當時,聯合航空採用了集團下波音飛機公司新近推出的波音 247 型客機飛行國內航線,由於性能良好,業績獲得極大的成長。為了對抗聯合航空的快速發展,大陸及西方航空緊急要求道格拉斯飛機公司開發一種性能更好的客機。道格拉斯不負大陸及西方航空的期望,而在 1933 年底推出了 DC-1 型客機的原型(DC 為 Douglas Commercial 的簡稱);經過試飛及修改後,從 1934 年 7 月起將生產型 DC-2 送交大陸及西方航空使用。由於 DC-2 的飛行速度比波音 247 的 259 公里/時快了 40 公里/時,載客量也比波音 247 的 10 人多 4 人,機艙也稍為寬廣舒適,因

 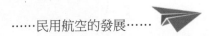

此受到各界的好評，DC-2 的訂單也源源不斷的湧到。道格拉斯再把
DC-2 的機身稍為修改，做成能夠載客 21 人的 DC-3 型客機，於是一
代名機 DC-3 就此問世，也因而奠定了道格拉斯飛機公司在二十世紀
三零年代後半開始，將近半個世紀期間，民航客機製造業唯一能夠和
波音飛機公司抗衡的地位。

2. 關聯郵票介紹

　　接下來介紹在 1920 年及 1930 年代中，具有代表性的客機郵票。
首先是由法國軍機改裝而成的客機：法國曾在 1984 年 3 月 3 日發行
了一枚面額 15 法郎的郵票(圖 16-1)，圖案繪有法爾曼航空公司使用
的法爾曼「巨人」式雙翼機。原為法屬殖民地的茅利塔尼亞，曾在
1966 年 8 月 31 日，發行了一套 4 枚的郵票，其中面額 100 法郎者(圖
16-2)繪有飛行中的「巨人」式客機，以及在沙漠中行進的駱駝商隊。

圖 16-1

圖 16-2

圖 16-3

圖 16-4

接下來介紹和福克 FVIIb/3m 型三引擎運輸機有關的郵票。瑞士曾在 1944 年 9 月 1 日，以紀念瑞士開辦定期航線二十五週年為主題，發行了一套 4 枚的郵票，其中面額 20 分者(圖 16-3)繪有福克三引擎機。1978 年 12 月 18 日，羅馬尼亞曾以萊特兄弟動力飛行成功七十五週年為主題，發行了一套 7 枚加小全張 1 枚的郵票，其中面額 1.50 le 者(圖 16-4)繪有設計者安東尼‧福克和他設計的三引擎機。

其次介紹的郵票是福克公司授權美國福特公司製造，改用美國製引擎，外形幾乎和福克三引擎機相同，外號「馬口鐵鵝」(Tin Goose)的福特三引擎機。位於南美洲的哥倫比亞曾在 1966 年間，發行了一套 9 枚以各種名飛機為圖案、印刷相當精美的郵票，其中面額 50 分者(圖 16-5)繪有福特三引擎機。1979 年 10 月 8 日，位於中美的古巴曾以各種飛機為主題，發行了一套 6 枚的郵票，其中面額 1 分者(圖 16-6)也繪有福特三引擎機。

接下來介紹和寇蒂斯「兀鷹」式客機有關的郵票。1998 年 6 月 10 日，位於西非的甘比亞以航空的歷史為主題，發行了 2 枚小版張及 2 枚小全張，小版張中面額 D5 的 1 枚郵票(圖 16-7)就繪有「兀鷹」式雙翼客機。

接下來介紹幾種和三零年代中相當活躍的飛艇有關的郵票。首先是德國多魯涅 Do-J 型「鯨」式飛艇。1966 年 7 月 15 日，哥倫比亞

圖 16-5

圖 16-6

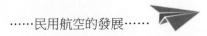

發行一套 9 枚的郵票中，面額 10 分者(圖 16-8)印有 Do-J 型「鯨」式飛艇。1979 年 4 月 5 日，德國曾以協助青年人福祉發行了一套 4 枚加值郵票，其中面額 40pf+20pf 者(圖 16-9)也印有「鯨」式飛艇。1984 年 6 月 19 日，巴西為紀念巴西德國間空運服務五十週年，曾經發行了兩枚連刷、面額各為 610Cr 和 620Cr 的郵票(圖 16-10)，由兩枚郵票合成一架 Do-J 型「鯨」式飛艇的圖案。

接下來介紹同樣也是德國多魯涅公司製造的 Do-X 巨型飛艇。這一架飛艇由於體型龐大，問世之初就很受世人的矚目；可是由於大而無當，性能並不十分良好，因此只出廠三架，僅用於試驗及展示飛行，未能加入實際的營運。這裡僅介紹兩枚和它有關的郵票：1978 年 1 月 6 日，賴比瑞亞以萊特兄弟動力飛行成功七十五週年為主題，發行了一套 6 枚加小全張 1 枚的郵票，其中面額 2 分者(圖 16-11)印有多魯涅 Do-X 型飛艇。1983 年 8 月 15 日，位於加勒比海的安提瓜以

圖 16-7

圖 16-8

圖 16-9

圖 16-10

紀念人類升空兩百週年為主題，發行了一套 4 枚加小全張 1 枚的郵票，其中面額 30 分者(圖 16-12)也印有在水面上滑行的多魯涅 Do-X 型飛艇。

接下來介紹的郵票是關於汎美航空公司把它命名為一系列「飛剪」號的席考斯基 S-40 型、S-42 型飛艇。1977 年 10 月 27 日，古巴曾以開辦國際航空郵務五十週年為主題，發行了一套 6 枚的郵票，其中面額 5c 者(圖 16-13)繪有 S-40 型飛艇。1970 年 7 月 27 日，位於南太平洋的薩摩亞，發行了一套 4 枚的郵票，其中面額 20s 者(圖 16-14)繪有被命名為「薩摩亞飛剪」(Samoa Clipper)號的 S-42 型飛艇。1984 年 3 月 7 日，香港曾經發行一套 4 枚的郵票，其中面額$1 者(圖 16-15)繪有 S-42 型「香港飛剪」(Hong Kong Clipper)號飛艇。1987 年 6 月 18 日，百慕達以開辦國際航線為主題，發行了一套 4

圖 16-11

圖 16-12

圖 16-13

圖 16-14

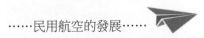

……民用航空的發展……

枚的郵票，其中面額 50 分者(圖 16-16)繪有 S-42 型「百慕達飛剪」號飛艇。

接下來介紹和英國蕭特 S.23 型「帝國」C 級飛艇有關的郵票。1962 年 2 月 16 日，位於非洲中部、原為大英國協一邦的羅德西亞和尼亞薩蘭，以開辦羅德西亞至倫敦航空郵務三十週年為主題，發行了一套 3 枚的郵票，其中面額 1s3d 者(圖 16-17)印有「帝國」C 級飛艇。1975 年 4 月 28 日，百慕達曾以開辦郵務五十週年為主題，發行了一套 4 枚加小全張 1 枚的郵票，其中面額 5c 的郵票(圖 16-18)繪有「帝國」C 級「騎士」(Cavalier)號飛艇。

接下來介紹和波音 247 型客機有關的郵票。1983 年 10 月 14 日，位於南太平洋上的尼吾島以紀念人類升空兩百週年為主題，發行了一套 6 枚加小全張 1 枚的郵票，其中面額 70c 者(圖 16-19)繪有波音 247 型客機。1998 年 6 月 10 日，位於西非的甘比亞以航空的歷史為主題，發行了一套 2 枚分別有 6 枚郵票的小版張及 2 枚小全張的郵票，

圖 16-15

圖 16-16

圖 16-17

圖 16-18

圖
16-19

其中面額 25D 的小全張(圖 16-20)繪有波音 247 型客機。

　　接下來介紹和道格拉斯 DC-2/DC-3 型客機有關的郵票。DC-3 是現代客機的鼻祖,除了性能優異外,拜二次大戰之賜,DC-3 連同它的軍用型 C-47、C-53、R4D 以及授權日本製造,及授權蘇聯製造的里斯諾夫 Li-2 型運輸機,它的總出廠數大約接近 15,000 架。在運輸機的出廠數中,這是絕無僅有的事,因此有關它的郵票也相當多。這裡僅選擇 DC-2 型兩種、DC-3 型五種供同好參考。首先是 DC-2 型:1938 年 11 月 15 日,位於東印度群島的荷屬安提列斯為紀念荷蘭皇家東印度航空公司成立十週年,發行了一套 2 枚的附捐郵票,其中面額 20c+5c 者(圖 16-21)繪有 DC-2 型客機的機鼻部份。1946 年間,位於非洲東方海洋中的馬達加斯加島,曾經發行了一套 3 枚的郵票,其中面額 200 法郎者(圖 16-22)繪有 DC-2 型客機和馬達加

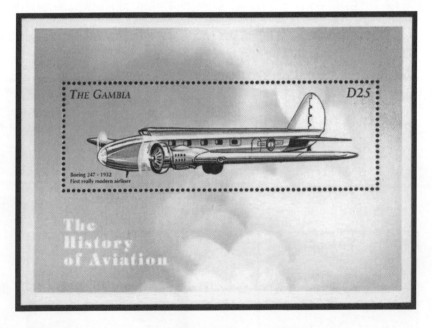

圖 16-20

斯加的地圖。

最後是 DC-2 的改良型、DC-3 型客機。1944 年 9 月 20 日，瑞士為了紀念瑞士航空公司開辦蘇黎世--日內瓦航線二十五週年，發行了一枚面額 1.50 法郎的郵票(圖 16-23)，圖案繪有飛行中、機型優美的瑞航 DC-3 型客機。1955 年 7 月 18 日，紐西蘭為紀念紐西蘭開辦郵政一百週年，發行了一套 3 枚的郵票，其中面額 4p 者(圖 16-24)繪有 DC-3 型機。1979 年 6 月 6 日，尼日為紀念郵票發明人羅蘭‧希爾爵士逝世一百週年，發行了一套 4 枚加小全張 1 枚的郵票，其中面額 150 法郎的郵票(圖 16-25)繪有飛行中的 DC-3 型客機。1979 年 10 月 8 日，古巴為紀念古巴航空成立五十週年，發行了一套 6 枚的飛機郵票，其中面額 3 分者(圖 16-26)繪有 DC-3 型客機的側視圖。1982 年 9 月 10 日，英屬維京群島為紀念英屬維京群島國際航空公司成立十週年，發行了一套 4 枚的郵票，其中面額 10p 者(圖 16-27)也繪有飛行中的該公司 DC-3 型客機。

圖 16-21

圖 16-23

圖 16-24

圖 16-22

圖 16-25

圖 16-26

圖 16-27

四、第二次世界大戰改變了飛機的地位

　　1937 年 7 月，日本軍國主義者在中國北京西南近郊的永定河蘆溝橋上發動了所謂的「蘆溝橋事變」，正式跨出侵略中國的腳步。而在歐洲方面，另一個野心者納粹德國也露出猙獰的面孔，在 1939 年 9 月以迅雷之勢揮軍入侵波蘭，並且繼續攻陷比利時、荷蘭、丹麥、挪威等北歐國家。兩年後的 1941 年 12 月，日本為了遂其稱霸世界的野心，以強大的海、空軍機動部隊偷襲位於夏威夷的珍珠港，造成以珍珠港為司令部所在地的美國海軍太平洋艦隊慘重的損失。自此中、美、英、法、蘇等國組成了同盟國，對抗由日、德、義三國構成的軸心國，引發了幾乎波及全世界，而且一直延續到 1945 年 8 月才結束的第二次世界大戰。

　　對飛機而言，第二次世界大戰是一個很大的轉機。在開戰之前，被視為陸、海軍輔助戰力的飛機，由於具有移動迅速、無遠弗屆的優點，開戰後即一躍成為戰力的主軸。如果說飛機的運用方式和性能的差異，大大影響了第二次世界大戰的勝敗，一點也不為過。在這一段時期中，飛機在戰爭中扮演的角色和第一次世界大戰時一樣，除了飛

……第二次世界大戰改變了飛機的地位……

機的性能有極大的改進外,飛機的用途也劃分得更為瑣細多樣。例如攻擊地面目標的飛機就可以分為重轟炸機、中轟炸機、輕轟炸機、攻擊機、地面協助機等;各種飛機都俱備了合乎作戰要求的性能和配備。而由於戰事擴及歐洲、非洲及亞洲太平洋地區等,面積廣大,因此無論是直接或間接參戰的飛機,具有長距離飛行的性能也就成了基本的條件。在轟炸地面目標的方式上,由早期的定點俯衝轟炸,發展到後來輔以精確的瞄準器,由高空「傾卸」炸彈的地毯式轟炸,這些都是第二次世界大戰促使飛機產生的重大改變。

接下來就以第二次世界大戰中,飛機扮演比較重要的角色、具有關鍵性的戰事或戰役,作一個概要的說明。

1. 「飛虎」志願軍援華抗日

日本侵華戰爭開戰之初,日本挾其已經霸佔中國東北、處心積慮準備多時的優勢,以其精良的地面部隊和精銳的戰機,節節進逼華北地區。1941 年 3 月,美國通過「對華貸與武器法案」,並由法裔美國人陳納德(Claire Chennault)將軍在美國招募一批志願前往中國對抗日軍的飛行員,組成「飛虎」(Flying Tigers)志願軍,以問世不久的寇蒂斯 P-40 型「戰斧」(Tomahawk)式戰鬥機迎戰新銳的日機。這一批勇敢的飛行員在緬甸接受一段短暫的訓練後,立刻前往中國和國民政府的空軍地勤人員協力抵抗日軍,阻止日軍的繼續挺進,間接促使盟軍提前取得最後的勝利。

2. 「英倫之役」保衛英國免於淪陷

1939 年 9 月,納粹德國以迅雷不及掩耳之勢攻陷波蘭,接著又以同樣的閃電戰術佔領比利時、荷蘭、丹麥、挪威等北歐國家,最後連法國也無法倖免,落入德軍的手中。1940 年 6 月,德國意欲染指一海之隔的英國,隨即展開以強大的空軍機群轟炸英國東南部各個城

市。在這一場英國人稱為「英倫之役」(Battle of Britain)的英倫攻防戰中，德國以曾經用來協助地面部隊攻陷波蘭等國的 Ju-87「舒突卡」(Stuka)式俯衝轟炸機，以及其他各種轟炸機和戰鬥機，越過英吉利海峽襲擊英倫三島。然而，基本上德國欠缺具有長程飛行能力的戰機，這些飛機雖然在進攻北歐國家的戰役中所向披靡，可是在越海轟炸英倫的戰役中，由於飛行員顧忌航程不足，擔心無法安返德國本土，因而不能放手一搏；此外，在英國方面，首相邱吉爾也在緊要關頭呼籲全國軍民同心協力，共同抵禦強敵，並以他們引以為傲的速霸馬林「噴火」(Spitfire)式戰鬥機，和豪克「颶風」(Hurricane)式戰鬥機等迎戰來襲的德機。經過一個夏天的艱苦奮戰，英國終於擊退德軍，解除了被德國佔領的危機。如今，事隔七十幾年，英國國民仍然津津樂道這一場戰役，感到無比的光榮。

3. 日本偷襲珍珠港引發太平洋戰爭

　　1941 年 12 月 7 日，日本海空軍以包括 6 艘航空母艦在內的 33 艘戰艦偷襲位在夏威夷的珍珠港，造成美國海軍太平洋艦隊嚴重的損傷，也導致美國對日宣戰。在美、日開戰初期，美國還欠缺可以從南太平洋上的美軍基地直接飛往日本轟炸的長程轟炸機。為了報復日軍的偷襲及提升美國國民的士氣，熱愛飛行、並曾贏得 1925 年「舒奈德錦標」(Schneider Trophy)，當時還是美國陸軍航空隊中校的杜立德(James H. Doolittle)，決定率領一支由 16 架陸軍航空隊 B-25「米契爾」(Mitchell)式中型轟炸機組成的機隊，於 1942 年 4 月 18 日，從航行於北太平洋上的美國海軍「大黃蜂」號航空母艦起飛，遠征日本東京、橫濱、名古屋等地區，投下炸彈後飛往中國大陸的非淪陷區降落。此舉雖然對日本造成的實質損傷不大，但是卻讓日本國民首次嘗到空襲的滋味，也大大振奮了美國國民由於珍珠港受到襲擊而低沉的

士氣。當時有一家美國報紙就曾以「做小事先生做大事」(Mr. Doolittle Do Big Job)為標題,大大宣揚了杜立德中校的壯舉。這一位杜立德中校後來也因為率軍參與多次戰役有功而晉升為准將。這一件振奮人心的故事,在 2002 年首映的《珍珠港》影片中也有一段極為精彩的描寫,有興趣的讀者不妨再看一次回味一番。

4. 英美轟炸機連番轟炸德國工業區

　　納粹德國以空中武力攻打英國受挫後的 1941 年,歐洲戰區的戰情稍稍獲得舒緩。一方面,美國也加速增進武器製造的能力,援助英國的各種飛機也陸續抵達,加強了英國抵抗德國的實力。

　　1942 年春,美國決定派兵參與歐洲地區的戰事,以波音 B-17「飛行堡壘」(Flying Fortress)式重轟炸機及統一 B-24「解放者」(Liberator)式重轟炸機協助英國對抗德軍。經英、美兩國協商結果,決定由美國的轟炸機隊擔任白晝轟炸的任務,而由英國的艾弗羅「蘭開斯特」(Lancaster)式重轟炸機等執行夜間轟炸的任務。B-17 除了具有搭載各式炸彈約 8 噸及長程飛行的性能外,機身的上、下、左、右及前、後總共配備有 0.5 吋口徑的機槍 10 挺,機員 10 名中有 8 名是機槍手,防禦能力堅強,是一架名符其實的「飛行堡壘」(註:後期生產的 B-17G 型總共配備有機槍 13 挺)。在執行轟炸德國的任務中,美軍雖然受到德國戰鬥機的頑強抵抗而損失慘重,但是仍然前仆後繼,不斷的增援。經過幾個月的轟炸,終於使德國的工業力受到嚴重的創傷,因而加速德軍的投降;B-17 及 B-24 的冒險轟炸,應居首功。

　　1990 年間,華納公司曾經推出一部以描寫 B-17 執行轟炸任務的戰爭影片。這一部名叫《英烈的歲月》(Memphis Belle)的電影,劇情描述第一架完成 25 次出擊任務,獲得返回美國待遇的「曼菲斯美

女」號,在出最後一次任務時,經過千辛萬苦,驚險飛返基地的故事。這一部根據真實故事拍攝的電影,無論劇情、拍攝的技術等都非常出色,是一部飛迷們絕對不能錯過的影片。

5. 聯軍登陸諾曼第迫使德國投降

由於美、英空軍的連番轟炸,德國的工業受到嚴重的打擊,軍事力量也略顯衰退。1944 年春,聯軍歐洲戰區最高統帥艾森豪威爾將軍決定聯合陸海空兵力,從英國渡過英吉利海峽登陸法國的諾曼第,反攻歐洲本土。這一場規模空前龐大、以 6 月 6 日為攻擊發起日(D-Day)的登陸戰,動員了陸海空官兵約 175,000 名,以及支援作戰的無數空軍機群和海軍艦艇等。其中,大約 60,000 名傘兵和初期所需的武器和物資,絕大部份都是由道格拉斯 C-47 型運輸機擔負運輸的任務。這一場戰役,雖然聯軍方面準備充分、士氣高昂,可是由於德軍的頑強抵抗,經過將近一年的戰鬥,終於在 1945 年 4 月 30 日,使得德國元首希特勒走投無路自殺身亡,德國也在 5 月 7 日宣布無條件投降。

C-47 是 1936 年問世的道格拉斯 DC-3 型客機的軍用型,由於性能良好,美國軍方曾以 C-47、C-53、R4D 等的編號大量製造,並以「達科塔」(Dakota)之名製供英國皇家空軍使用。它的出廠數,連同授權蘇聯、日本等製造的機型,總數約在 15,000 架,是航空史上出廠最多的運輸機。二次大戰結束後,艾森豪威爾將軍曾經說過:「促使第二次世界大戰提前結束的四種兵器是:吉普車、反戰車火箭砲、C-47 和原子彈」。在千百種軍機中,艾帥唯獨指稱 C-47 為四種促使二戰提前結束的武器之一,我想這是對 C-47 無上的禮讚。

6. 兩顆原子彈結束二戰

在亞洲太平洋戰區方面,美國海軍太平洋艦隊雖然在珍珠港受到

……第二次世界大戰改變了飛機的地位……

重創，幸運的是日本偷襲珍珠港當天，棣屬太平洋艦隊的幾艘航空母艦都未停泊在珍珠港內，絕大部份的空中兵力都得以倖免於難。經過一段時間的休養生息之後，太平洋艦隊逐漸恢復原先的戰力。1942年6月，美國海軍以其人之道還制其人，在南太平洋上的中途島海域奇襲日本艦隊。此役中，雖然美軍也損失了一艘「約克鎮」號航空母艦，但卻擊沉四艘日本的航空母艦，日軍受到極大的創傷，太平洋地區的局勢才逐漸扭轉過來。

　　1943年11月，聯軍開始攻擊日本在南太平洋各個島嶼上的據點，並且逐一收復使用。1944年11月，美軍首次從收復的塞班島基地，以100架以上的新型B-29「超空堡壘」(Super fortress)式重轟炸機轟炸日本東京地區，造成極大的損傷。長久以來，日軍由於戰線擴及中國大陸及大部分西、南太平洋地區，無論是兵力或軍需補給等都力有不逮，因此導致從太平洋上的各個據點節節敗退，最後連沖繩島也棄守，只得困守日本本土。

　　1945年8月，為了加速日本的投降，聯軍決定以新近秘密試驗成功的原子彈轟炸日本的次要城市。8月6日，一架經過改裝的B-29「超空堡壘」式轟炸機 "恩諾拉・凱"(Enola Gay)號，以一枚重約4噸的原子彈轟炸廣島市，造成大約死78,000人、傷51,000人、房屋全倒48,000棟、半倒22,000棟的巨大損傷。3天後的8月9日，美軍再度以原子彈轟炸長崎，再度造成重大的傷亡。至此，日軍已經毫無招架之力，只好在8月15日宣布無條件投降，第二次世界大戰才告結束。

　　B-29「超空堡壘」式轟炸機是波音公司繼B-17「飛行堡壘」之後重新設計製造的重轟炸機。顧名思義，它的性能當然要「超越」7年前問世的B-17。除了飛行速度、續航距離、炸彈搭載能力等都要比B-17

進步外,最大的改進在於它具有加壓駕駛艙,能夠適應高空飛行的要求,因此機員不必時常配戴氧氣罩。根據日本軍方的報告,B-29 轟炸日本時,它的飛行高度大多在 10,000 公尺以上。這種高度已經超出日本戰鬥機飛行高度的極限和高射炮的射程,因此能夠安安穩穩的執行轟炸的任務,絲毫不怕日軍的攻擊。此外,它的防禦機槍數量雖然和 B-17 相同,但是卻已改進成為遙控擊發的方式,因此機槍手不必站在機槍的後方瞄準來襲的敵機,不用直接暴露在敵機的火網下,這些都是 B-29 進步的地方。

7. 關聯郵票介紹

接下來介紹和前述第二次世界大戰中,幾場重要戰事或戰役裡飛機扮演重要腳色的相關郵票。

(1) 「飛虎」志願軍援華抗日。我國曾於 1990 年 9 月 26 日,為紀念陳納德將軍的「飛虎志願軍」來華參戰五十週年,發行了一枚面額 3 元的郵票(圖 17-1),上面繪有 P-40B 型「戰斧」式戰鬥機和聚集在飛機旁討論戰情的飛行員。第二枚是剛果於 1996 年 6 月 24 日發行、

圖 17-1

圖 17-2

……第二次世界大戰改變了飛機的地位……

一套6枚加小全張1枚的戰機郵票,其中面額1,000法朗的小全張(圖17-2)上也繪有「飛虎」志願軍的「戰鷹」(War hawk)式戰鬥機。

(2) 「英倫之役」保衛英國免於淪陷。1943年3月21日,德國為紀念陸軍節和英雄紀念日發行了一套 12 枚的附捐郵票,其中面額25pf+15pf 者(圖17-3)繪有 Ju-87「舒突卡」式俯衝轟炸機進行轟炸的情形。1965年9月13日,英國為紀念英倫之役二十五週年,曾經發行了一套8枚的郵票,其中面額4d 者(圖17-4)繪有「颶風」式戰鬥機追擊 Ju-87「舒突卡」的輪廓圖案。1986年3月4日,位於加勒比海的內維斯曾以英倫之役中的「噴火」式戰鬥機為主題,發行了一套4枚加小全張1枚的郵票,其中面額$2.50 者(圖17-5)繪有勇敢迎戰德機的「噴火」式戰鬥機。「噴火」式戰鬥機具有橢圓形機翼,外形優美,是許多飛機迷最喜愛的飛機之一。

(3) 日本偷襲珍珠港引發太平洋戰爭。1991年9月2日,多明尼加為了紀念日本偷襲珍珠港五十週年,曾經發行了一套5枚加小全張1枚的郵票,其中面額$6 的小全張(圖 17-6)印有日軍戰鬥機攻擊珍珠港希卡姆機場,以及停放在機場上的 B-17「飛行堡壘」式轟炸機。

圖 17-3

圖 17-4

圖 17-5

圖
17-6

1991 年 12 月 7 日，位於西太
平洋、第二次世界大戰後由美
國託管的馬紹爾群島，為了紀
念日本偷襲珍珠港五十週年，
也曾發行面額 50c x 4 枚的方
形連刷郵票(圖 17-7)，郵票上
印有偷襲珍珠港的日軍攻擊機
和戰鬥機、起飛應戰的美軍戰
鬥機群、日軍的「赤城」號航空
母艦，以及後來被炸沉沒的美
軍「亞利桑那」號戰艦。1995
年 7 月 20 日，位於加勒比海

圖 17-7

……第二次世界大戰改變了飛機的地位……

東方的內維斯曾以紀念第二次世界大戰結束五十週年,發行了一套 9
枚連刷加小全張 1 枚的郵票,其中面額 6 元的小全張(圖 17-8)繪有杜
立德中校的肖像和 B-25 型轟炸機。1995 年 9 月 15 日,柬浦寨曾以
第二次世界大戰的軍機為主題,發行了一套 5 枚加小全張 1 枚的郵
票,其中面額 200R 者(圖 17-9)繪有北美 B-25 型「米契爾」式中轟炸
機。

(4) 英美轟炸機連番轟炸德國工業區。再下來是 B-17「飛行堡壘」轟
炸機的郵票:位於非洲西部的獅子山國,曾於 1990 年 2 月 5 日發行

圖
17-8

圖 17-9

圖 17-12

了一套 10 枚加小全張 2 枚的郵票,其中面額 150le 的小全張(圖 17-10)繪有飛赴戰場的 B-17G 型機群。同樣是獅子山國,也在 1991 年 10 月 14 日,以二次大戰的戰爭電影畫面為圖案發行了一套 4 枚加小全張 1 枚的郵票,其中面額 450le 的小全張(圖 17-11),是以早期的《晴空血戰史》(Twelve O'clock High)中的畫面為圖案,上面繪有美軍的 B-17 受到德軍 Bf-109 型戰鬥機追擊起火燃燒的情形,左下方繪有在影片中擔任指揮官的葛雷哥萊畢克仰望天際,焦急等待飛機回航的情景。位於西太平洋的馬紹爾群島,曾在 1993 年間發行了 17 枚與第二次世界大戰有關的郵票,其中面額 52c 的 1 枚(圖 17-12)繪有美軍的 B-17 在德境上空進行地毯式轟炸的情形。

(5) 聯軍登陸諾曼第迫使德國投降。接下來介紹兩種和 C-47 有關的郵票:1994 年 7 月 14 日,位於西非的獅子山國為紀念諾曼第登陸五十週年,曾經發行了一套 2 枚加小全張 1 枚的郵票,其中面額 1,000le 的小全張(圖 17-13) 繪有參與載運傘兵任務的 C-47 運輸機,

圖
17-10

……第二次世界大戰改變了飛機的地位……

票面上所印"OPERATION OVERLOAD"字樣是諾曼第登陸的作戰代號,C-47 的機身及機翼上都繪有方便識別的白色條紋。1999 年 1

圖
17-11

圖
17-13

月 20 日，位於南太平洋的亞松森島為紀念邱吉爾誕生 125 週年，發行了一套 4 枚加小全張 1 枚的郵票，其中面額 35p 的郵票(圖 17-14)繪有 C-47 的圖案。

(6) 兩顆原子彈結束二戰。馬紹爾群島在 1993 年間發行 17 枚與第二次世界大戰有關的郵票中，面額$1 者(圖 17-15)印有在廣島市投下第一枚原子彈的 B-29「超空堡壘」式轟炸機 "恩諾拉・凱" 號，機身後方遠處可以看到從地面上升起的蕈狀原子雲。1993 年 10 月 18 日，位於南美洲東北部的蓋亞那也曾發行了一套 11 枚加小版張 2 枚及小全張 1 枚、與第二次世界大戰有關的郵票，其中面額$100 的一枚郵票(圖 17-16)繪有從中國大陸起飛，前往轟炸日本的 B-29「超空堡壘」式轟炸機。

圖 17-14

圖 17-15

圖 17-16

……第二次世界大戰改變了飛機的地位……

五、噴射飛機和直升機的出現

1. 噴射飛機的發明

　　第二次世界大戰期間以及往後的四零年代後半，航空史上出現了兩項極為重大的發明，那就是噴射飛機(Jet plane)和直升機(Helicopter)兩種新形態的飛行器。這兩種在二十世紀四零年代以後逐漸受到世人應用的發明，也對人類的生活產生了極大的影響。

　　萊特兄弟發明的動力飛機，基本上是以活塞引擎帶動螺旋槳，以螺旋槳的旋轉產生牽引的力量使飛機前進，並且使機翼產生向上推升的力量而使飛機飛升。幾十年來，飛機的性能雖然不斷的獲得改進，可是飛機賴以飛上天空的動力，在形式上仍然和當初所用的沒有兩樣。可是以活塞引擎帶動螺旋槳使飛機飛升的方式，一方面受限於活塞往復運動引起摩擦造成的效率偏低問題，加上螺旋槳本身因為受到槳端極速的限制，飛機的最高速度也難有超越每小時 750 公里的可能。為了解決這些問題，於是就有以噴射引擎產生必要的推力，推送飛機產生升力的構想。

　　嚴格地說，噴射引擎的創意想必得自火箭。自從火藥發明以後，人類利用火藥發明了包括火箭等在內的各種武器。根據史書的記載，早在十三世紀，中國人就會使用火箭作為攻城略地的武器。由火箭噴射燃燒氣體向前推進的原理，人類當然也會想到以火箭作為飛機飛行的動力。事實上，有史以來製作第一架噴射飛機的德國人鄂倫斯特‧海茵克爾(Ernst Heinkel)教授，就曾在發明噴射飛機的同一時期，由戰後曾經參與美國發展太空飛行計畫的馮布朗(Wernher von Braun)博士的協助，實際製作了一架火箭實驗機 He176，並且在 1939 年 6 月首飛，創下每小時 805 公里的速度記錄。可是由於火箭引擎消耗燃料太快，而且燃料補充不易等原因，這一型飛機終究沒能大量生產

使用。

　　歷史上第一架升空飛行的噴射飛機是前述海茵克爾教授設計製造的 He178 型噴射實驗機。這一架裝有由歐海茵(Pabst von Ohain)博士設計、推力只有 380 公斤 HeS3B 型渦輪噴射引擎一具的 He178，於 1939 年 8 月 27 日在德國首飛成功，噴射飛機的時代於焉開始。後來，他雖然設計了一種具有兩具噴射引擎的噴射戰鬥機 He-280，可是由於空軍當局比較偏好梅薩舒密特 Me-262，因此未能大量生產。

　　第二架升空飛行的噴射飛機是由義大利工程師坎匹尼(Secondo Campini)設計，義大利卡布羅尼(Caproni)飛機製造廠製作的卡布羅尼‧坎匹尼 N.1 型實驗機。這一架實驗機裝有以活塞引擎帶動的三段式可變節距空氣壓縮風扇；空氣經壓縮風扇壓縮後送入裝有可變面積噴嘴的燃燒筒內和燃料混合燃燒，產生高壓的燃燒氣體向後方噴出獲得推力的引擎。1940 年 8 月 28 日，這一架實驗機首度飛行成功；不過由於這一架飛機的引擎構造相當複雜而且笨重，輸出的推力也不大，因此飛行的速度只有每小時 209 公里。

　　第一架實用的噴射動力飛機是德國「梅薩舒密特」(Messerschmitt)Me-262A 型機。由於噴射引擎的開發略有延誤，它的原型遲至 1942 年 7 月 18 日才正式首飛。由於它的性能良好，希特勒決定 Me-262 必須用作轟炸機來對抗聯軍的日夜轟炸。1944 年 7 月，6 架 Me-262-2a 型轟炸戰鬥機首先配屬於駐紮在法國境內的轟炸中隊，可是由於機身不大，機身中本來就沒有炸彈艙的設計，炸彈必須懸掛在機身的下方，飛行的速度大受影響，因此在戰場上慘遭聯軍戰鬥機的修理，毫無戰果可言。1945 年 3 月，希特勒改變心意，同意將 Me-262 作為戰鬥機使用；可是為時已晚，再強的戰鬥機也起

 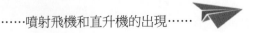

不了作用，5 月初德國投降，Me-262 的壽命也告終了。

　　除了 Me-262 之外，德國在第二次世界大戰期間還推出了另一種噴射飛機，那就是阿拉多(Arado)Ar234B 型「閃電」(Blitz)式雙引擎轟炸機。Ar234 的原型機於 1943 年 6 月 15 日首飛；1944 年 12 月 16 日，Ar234B 開始配屬轟炸部隊。Ar234B 能夠攜帶 2,000 公斤的炸彈，最高飛行速度可達每小時 742 公里(6,000 公尺高度時)，可是由於參戰的時間太遲，也沒能發揮很大的作用。

2. 接近完美的噴射飛機

　　在英、美聯軍這一方，英國人法蘭克・惠特魯(Frank Whittle)早從 1930 年代就開始了噴射引擎的研究。1941 年 5 月 21 日，裝有惠特魯噴射引擎的古羅斯特・惠特魯(Gloster Whittle)E28/39 實驗機首度升空試飛。古羅斯特公司繼續噴射飛機的研製，1943 年 3 月 5 日，古羅斯特「隕星」(Meteor)式戰鬥機的原型機首飛升空；經過一年多的測試修改之後，1944 年 7 月開始配屬戰鬥機部隊使用。7 月 27 日，兩架「隕星」式戰鬥機分別擊落德軍的 V-1 型無人火箭轟炸機各一架，是航空史上噴射戰鬥機首先擊落敵機的記錄。這一型戰鬥機經過多次的強化改進，性能不斷的改善，因此一直使用到 1950 年代後半才光榮退役。

　　美國最早問世的噴射飛機是 1942 年 10 月 1 日首飛的貝爾(Bell)P-59「空中彗星」(Airacomet)式戰鬥機的原型機。這一型飛機因為匆促問世，性能並不很好，因此沒有在二次大戰中派上用場。

　　1943 年 6 月，由於歐洲戰場的戰事吃緊，美國陸軍航空隊緊急要求洛克希德(Lockheed)公司在 180 天內開發一種新的噴射戰鬥機。由後來曾經設計像 L-1049「星座」式客機、F-104「星戰」式戰鬥機、U-2 高空偵察機、SR-71「黑鳥」式倍音速偵察機等名飛機聞

名的設計師凱利・強生(Kelly Johnson)領軍的設計小組,不負軍方的期望,在短短 143 天的時間內完成了 P-80「流星」(Shooting Star)式戰鬥機的原型機,並且在 1944 年 1 月 8 日首飛成功。這一型戰鬥機雖然也沒能趕上第二次世界大戰,可是在後來爆發的韓戰中,一架 F-80C 型戰鬥機首先打下中共援朝的米格-15 型戰鬥機,創下了噴射戰鬥機在空戰中擊落另一架噴射戰鬥機的記錄。

第二次世界大戰結束以後,戰勝的美、英等國對噴射引擎的研究更為積極,而且投入更多的資源在噴射飛機的製造上,因此噴射飛機的性能也有極為明顯的改進。以飛行的最高速度為例:一架 1946 年出廠、專為改寫記錄稍作修改的 P-80R 型機,在 1947 年 6 月創下了每小時 1,004 公里的記錄;到了 1953 年 10 月,一架北美(North American)飛機製造廠 YF-100A 型「超軍刀」(Super Sabre)式戰鬥機首先創下超越音速的每小時 1,215 公里世界記錄。到了 1960 年代以後,許多新型的戰鬥機都具有以兩倍音速飛行的性能;而到了 1970 年代,甚至連英、法兩國共同研發製造的「協和」(Concorde)式客機也有以兩倍音速飛行的能力。單從飛機的性能而言,噴射飛機幾乎已經到達了完美的地步。

3. 直升機的發明

另外一種在二次大戰後有重大發展的航空器是直升機。最早有直升飛行構想的是十五世紀的天才達文西。在本書第二章中曾經提過,達文西曾在西元 1,500 左右繪製了一種螺旋狀的直升旋翼,一般相信這就是最早具有直升概念的飛行器設計。大多數的人在小時候都曾玩過竹蜻蜓,它就是直升旋翼的具體實現。可是最早實現直升飛行的不是真正的直升機,而是一種不靠動力,只靠飛機前進引起的風力,使機身上的旋轉翼旋轉產生升力的旋翼機(Gyroplane,商業名

Autogiro)。1923 年 1 月 9 日，西班牙人發明家璜·德拉·薛爾華(Juan de la Cierva)以他設計製作的 C4 號旋翼機飛上天空。1928 年 9 月 18 日，他駕駛一架薛爾華 C8L Mk.II 型旋翼機，載著一位乘客，自英國克萊頓起飛，飛越英吉利海峽後飛抵巴黎的路布魯杰機場，這是旋翼機飛越英吉利海峽的第一次。

最早成功設計出以動力帶動旋轉翼的直升機，是德國人海茵利希·福克(Heinrich Karl Johann Focke)教授。1936 年 6 月 26 日，一架由他設計的福克·烏爾夫(Focke-Wulf)Fw61 型雙旋轉翼直升機首先在德國試飛成功。這一架直升機曾在 1937 年間創下飛行 1 小時 20 分 49 秒，及每小時 122 公里的速度記錄。

第一架生產型直升機是根據前述 Fw61 型改良、1940 年 8 月首飛、能夠載客 6 人的福克·阿哈給里斯(Focke Achgelis)Fa223 型運輸直升機。由於戰場的需要，這種直升機隨即被軍方徵用成為軍用型，可是後來工廠受到美軍的轟炸，因此未能大量生產。

德國以外，首先成功製作直升機的是俄裔美國人伊戈·席考斯基(Igor Sikorsky)。1940 年 5 月 13 日，他設計的 VS-300 型直升機首先在美國完成自由飛行。1941 年 5 月，這一架單旋轉翼的 VS-300 型曾經創下飛行 1 小時 32 分 26 秒的記錄。

首先獲得量產的直升機是 1944 年間出廠的席考斯基 R-4B 型直升機。這一種軍方訂購的直升機被美國海軍用來進行海上偵察任務，可是由於測試效果不彰，因此未能大量生產。

四零年代後半以後，直升機的技術逐漸成熟，各種新型的直升機也相繼問世。不過直升機雖然具有能夠在稍為空曠的地方起降的優點，可是它的飛行速度、噪音問題等都要比一般飛機遜色。特別是，頭頂上轟轟作響的巨大旋轉翼總會給人一種難以忍受的壓迫感，因此

直升機仍然無法取代一般飛機,用途只限於短程飛行,或在沒有機場設施的地區,用以救難、救災或運輸等,以及用於軍事上的地面攻擊及後勤支援等。

　　最早大量使用直升機的戰事是 1950 年初期的韓戰。這些直升機主要用在救難、傷患運輸、地面攻擊、後勤支援及起重、運輸等,可以說開啟了直升機的新時代。根據統計,在三年韓戰期間,直升機大約運送了 23,000 名傷患前往野戰醫院,大大降低了傷兵的死亡率,這是直升機才能做到的事情。

4. 關聯郵票介紹

(1)早期的噴射飛機。位於西太平洋的馬紹爾群島曾在 1995 年 11 月 10 日發行了由25枚面額32c郵票構成的小版張,其中有1枚(圖18-1)印有德軍的 Me262A 型機,而緊鄰右側的 1 枚(圖 18-2)為英國的「隕星」式戰鬥機。1973 年 3 月 28 日,義大利曾經發行了一套 5 枚的軍機郵票,其中面額 180 里拉者(圖 18-3)繪有爬升中的卡布羅尼・坎匹尼 N.1 型實驗機。1993 年 10 月 11 日,位於西印度群島的安提瓜・巴布達為紀念英國皇家空軍成軍七十五週年,曾經發行了一套 2 枚加小全張 1 枚的郵票,其中面額 40c 的郵票(圖 18-4)繪有古羅斯特・惠特魯 E28/39 型實驗機;面額$5 的 1 枚(圖 18-5)則繪有「隕星」式

圖 18-1

圖 18-2

圖 18-3

⋯⋯噴射飛機和直升機的出現⋯⋯

戰鬥機擊落來襲的德軍 V-1 型火箭轟炸機的情形。

(2)早期的旋翼機和直升機。1961 年 12 月 11 日，西班牙曾經發行了一套 5 枚的飛機郵票，其中面額 1p 者(圖 18-6)繪有薛爾華設計的 C-30A 型旋翼機。1993 年 11 月 6 日，柬埔寨曾經發行了一套 5 枚加小全張 1 枚的郵票，面額 1,000r 的小全張(圖 18-7)繪有薛爾華的肖像和他的 C.4 型旋翼機。1979 年 4 月 5 日，西德曾經發行一套 4 枚的附捐郵票，其中面額 90pf+45pf 者(圖 18-8)繪有福克・烏爾夫

圖 18-4

圖 18-5

圖 18-7

圖 18-6

圖 18-8

圖 18-9

Fw61 型直升機。1979 年 12 月 21 日,位於西非幾內亞灣的聖托瑪斯與普林斯島曾經發行了一套 6 枚的郵票,其中面額 1d 者(圖 18-9)繪有席考斯基設計的 V-300 型直升機。

六、大量運輸時代的來臨

1. DC-3 成為早期客機的主力

第二次世界大戰結束,各國經過一段時間的休養生息之後,逐漸恢復了原有的活力,旅遊及貨物運輸的需要也日益增加;由於陸路及水路的運輸已不敷需要,大量空運的時代於焉到來。

二戰結束之後,美國軍方以極為低廉的價格釋出了將近 4,000 架剩餘的道格拉斯 C-47 運輸機(民用型號:DC-3)。由於 DC-3 的營運費用低廉,信賴度高,因此許多航空公司幾乎都以 DC-3 為主力機型。根據統計,1950 年代初期,全世界大約有百分之七十的航空公司都曾使用 DC-3 型機,可見它受到歡迎的程度。隨著運輸量的增加,以及對旅遊品質要求的提高,大型而具有加壓座艙的機型,例如道格拉斯 DC-4、DC-6、洛克希德 L-1049「星座」(Constellation)式客機、英國維克斯「子爵」(Viscount)式客機等也相繼問世,這些飛機也就成為取代 DC-3、稱霸五零年代天空的機型。

2. 英國率先開發噴射式客機

從第二次世界大戰結束前就開始研究噴射引擎的英國,由於在這個領域中居於領先的地位,因此也最早進行噴射客機的開發和製作。1949 年 7 月,英國迪哈維蘭(De Havilland)公司 D.H.106 型「彗星」(Comet)式噴射客機問世,1952 年 5 月首航倫敦--南非約翰尼斯堡

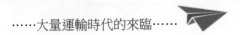

線。這種客機外形優美高雅，飛行平穩快捷，它的出現就和它的名稱「彗星」一樣，立刻引起世人的注視和讚嘆；首航之後也獲得了很好的評價。可是風光營運不到半年，卻連接發生了兩次空中爆炸墜海事件，立刻又引起了世人的震驚。經過英國飛航安全機構的詳細調查，終於發現了問題所在：為了高空飛行的需要，在每一次起降之間，座艙都必須予以增壓及減壓，在長期的反覆增減壓下造成金屬材料的疲勞，終於使機身龜裂而爆炸。這兩次事故帶給航空界極大的教訓，也導致英國暫停了所有噴射客機的開發，連帶導致美國不願意太早進行噴射客機的開發工作。因此就由既有的螺旋槳客機，以及結合渦輪引擎和螺旋槳的渦輪旋槳(Turbo-prop)式客機，例如道格拉斯 DC-7型、洛克希德 L-188 型「艾勒克特拉」(Electra)式客機等銜接噴射客機時代的來臨。

3. 波音公司躍居領先地位

1954 年 7 月，僅居美國三大飛機製造廠第三位的波音公司，以其戰前製作 B-17「飛行堡壘」及 B-29「超空堡壘」式重轟炸機的經驗，加上戰後開發 B-47「同溫層噴射」(Stratojet)式噴射轟炸機的後掠翼技術，率先以自費製作了一架噴射客機的原型機。這一架試作原型機經過試飛修改之後，竟然變成了開啟大型噴射客機時代大門的波音-707 型客機，也讓波音公司在後來的幾年中，從原先的第三位一躍成為世界上最大的飛機製造廠。

波音-707 型客機於 1958 年 10 月首航美國及歐洲大陸間的北大西洋航線。受到波音-707 的刺激，起步較遲的道格拉斯公司也緊急展開噴射客機的開發工作。1959 年 9 月，道格拉斯把落後三年的局面縮短到一年，推出了延續 DC 客機系列的第一種噴射客機 DC-8 型機，使得在日後的噴射客機市場上，形成新銳波音公司與名門道格拉

斯激烈競爭的局面。而從戰前就和道格拉斯爭霸的洛克希德，卻因為過分專注於 L-188 型「艾勒克特拉」式渦輪旋槳客機的開發，在噴射客機的市場上遲了一步，以致未能加入初期的競爭，後來花了相當長的時間才逐步趕上。

　　至於英國方面，雖然由於「彗星」的問世而曾經領先一步，可是後來在新型機種的開發上過分牽就現在機場的規模，以致遲遲未能發展出新的機型。反觀美國，由於幅員廣大，為了配合新型客機的性能，把許多機場的跑道長度由原有大約 2,000 公尺擴增為 3,000 公尺以上，同時也更新機場的相關設施；機型的設計不受機場的限制，因此大型的噴射客機逐漸受到各家航空公司的採用。這個時期的客機包括波音-707、道格拉斯 DC-8、康維爾-880，以及經過重新設計再生的「彗星」4 型等，一般把它們稱為第一代噴射客機。這些客機具有飛越北美大陸，或飛越大西洋、太平洋等的性能，而在這些航線上，也證實了具有獲取充分利潤的能力。

　　大型噴射客機具有將近兩倍於活塞引擎客機的速度和兩倍的載客量，因此它的運輸能力就成了兩者相乘的大約 4 倍。這個時候剛好碰上戰後長期安定的經濟起飛時期，旅客數及貨物運輸量都大幅增加，因此未經渦輪旋槳時代而一口氣推移到噴射時代，印證了波音公司對於趨勢研判的正確性，也因而奠定了波音公司的領先地位。

4. 第二代噴射客機的出現

　　在國際線上體驗了大型噴射客機快捷和舒適的旅客，也期望能在國內航線或是 2,000 公里以下比較短程的航線享有相同的噴射客機服務。本來，基於經濟面的考量，短程航線多以活塞式引擎帶動的螺旋槳客機，或以渦輪旋槳式客機來運行。可是進入 1960 年代之後，具有良好經濟性的渦輪風扇(Turbofan)式引擎開始問世，加上高升力

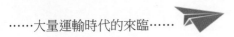

裝置的採用，致使裝有噴射引擎的中、短程客機也具有充分的獲益能力，於是就有所謂的第二代噴射客機的問世。這些客機包括首先在機身後方兩側裝設引擎的法國舒德(Sud)公司製「卡拉維爾」(Caravelle)式客機、具有 T 形尾翼的波音-727 型客機，和稍後問世的道格拉斯 DC-9、波音-737 型雙引擎客機等。波音-727 推出時，正好遇到全球運輸量大幅成長的時期；由於中型客機的需求量大增，又因缺少強勁的競爭者，波音-727 因此成為六零年代的暢銷機型，總出廠數超過 1,800 架。

5. 巨無霸和廣體艙客機

第一代和第二代噴射客機問世之後，航空公司的運輸能力雖然有明顯的增長，可是運輸量的增加卻也帶給機場附近居民極大的困擾。亦即，相對於旅客數的增加，如果不能改變飛機的大小，就必須增加飛機的班數。可是，從早到晚都有班機起降的話，機場周邊的居民就會日夜受到飛機噪音的干擾。而且航空公司為了因應航運的需要，必須購備大量的飛機，因此就有航運效率降低，收益減少等問題發生。於是，有些飛機製造廠就採取了以加長飛機的機身來增加載客數的手段，例如道格拉斯就曾推出把 DC-8 型機加長 11 公尺的 DC-8-61 型。不過，並非所有的飛機都可以延長機身，而且延長機身所能增加的載客數也有一定的限度，因此這種方式並不是絕對有效的解決手段。

為了解決這些問題，於是又形成了促使巨型噴射客機誕生的契機。剛好這個時候，由於美國國防政策的改變，計畫採用能夠大量運輸兵力前往海外地區的超大型戰略運輸機(C-5A)，經美國三大飛機製造廠競標的結果，由洛克希德以低廉的價格得標。未能得標的波音公司趁機利用這一項開發巨型運輸機的技術和資源，並在泛美航空公司

的協助下，強制性的完成了這一型後來稱為波音-747 的巨無霸(Jumbo，原意為大象)客機。

巨無霸客機能夠以它的巨大運輸能力輸送兩倍於以往客機的旅客，因此可以減少航運的班數，減少機場周邊的噪音公害及提高營運的效率。又由於採用新型的高旁通比(By-pass ratio)渦輪風扇型引擎，不僅可以減少對大氣的汙染，降低燃料消耗率，同時也能藉由倍增的載客數降低運輸單價，增加收益。此外，藉由高性能的高升力裝置，巨型客機能夠從原有的機場起飛，具有不必擴充原有機場設施的優點。

1960 年代後半是民航業的大發展期，英、法及美國都曾唯恐落後於人而展開了超音速噴射客機的計畫。本來，英國和法國是各自進行的，可是由於需要龐大的經費，後來決定以「協和」(Concorde)之名共同開發。「協和」在設計階段完成時獲得了大約 80 架的預定訂購數，因此開始原型機的製作。美國則由波音及洛克希德兩家進行研究，可是由於 1974 年發生第一次石油危機，全世界的經濟陷入不景氣的泥淖中，美國政府也認為時機尚未成熟，不願繼續支持超音速客機的開發計畫，加上由於不景氣造成旅客數銳減等原因，美國方面停止了超音速客機的研發，讓巨無霸客機少了一個競爭對手，在良好性能的助長下，受到全世界各大航空公司的採用，因而成為 1970—80 年代獨霸巨型客機市場的主角。

巨無霸客機由於機身寬廣，在乘客座椅的排列上可以作兩條通道的配置，對旅客的上、下機、飛行中的活動，以及機組人員的服務動線等都有明顯的改善，因此受到各航空公司的好評。可是在 1970 年代，世界上仍然沒有很多能夠滿足巨無霸客機所需運輸量的航線；尤其以國內航線而言，巨無霸實在是稍為大了些，許多航空公司雖然為

了維持競爭力而勉強購入巨無霸，但是有些卻不能充分利用。國內線因為運輸量不多，航運區間的距離短，機場比較接近人口密集地區，而且跑道不很長，跑道強度不如國際機場。即使具有這麼多嚴苛的條件，習慣了巨無霸寬敞舒適的旅客們，仍會對國內線的客機提出相同的要求，於是就有所謂廣體艙客機的問世。這些客機包括道格拉斯DC-10、洛克希德「三星」(Tristar)，以及法國空中巴士A-300型等。和巨無霸相較，這些客機雖然載客量少，可是為了因應國內線特有的嚴苛條件，它們不僅噪音較少，起降性能也相當良好。而且為了能夠在狹小的機場使用，它的翼展、重量，甚至外形等都受到某些限制，可以說是一種應用最新航空技術開發出來的飛機，這些飛機和巨無霸就併稱為第三代噴射客機。

6. 超音速噴射客機的開發

至於「協和」式超音速客機，雖然只能載客 128 人，可是由於外形獨特優美，能夠以兩倍音速飛行，問世之初也曾轟動一時，受到各界的矚目。可是終究因為開發費用過於高昂，機身售價偏高，燃料消耗過多，噪音太大等因素，導致營運費用過高，因此航空公司紛紛取消訂單，僅由英航及法航分別訂購 8 架，並從 1976 年 1 月開始營運。這裡順帶一提的是，在英、法、美等國家發表開發超音速客機的同時，仍然和自由世界處於冷戰態勢的蘇俄，也不願落在自由世界後，決定由屠波列夫設計局進行超音速客機的開發工作。或許是相同條件下設計出來的產品具有相同的形貌，也或許如某些人認為是蘇俄人厚顏抄襲英、法兩國共同開發的「協和」式客機，只比「協和」早 61 天問世的屠波列夫 Tu-144 型客機，其尺寸、外形幾乎都和「協和」相同，因此歐美人士就把它譏稱為「協和斯基」(Concordesky)。Tu-144 雖然搶在「協和」之前問世，可是它的開發只不過是冷戰局勢下敵對陣營用來

炫耀的產品，完全沒有考慮市場的需要，因此只在蘇俄境內象徵性地
營運了一段很短的時間，隨即銷聲匿跡，成為一項極大的浪費。「協
和」式客機經英航及法航慘淡經營，已經在 2003 年 6 月間停止營運。
在這營運 27 年期間，只發生過一次嚴重失事事故，尚屬難能可貴。
不過由於耗油量大，不符經濟要求，加上噪音過大，引發起降機場附
近居民的反感，因此在近期之內，相信不會再有其他超音速客機問
世，「協和」和 Tu-144 在短時間內必將成為絕響。

7. 第四代噴射客機

　　進入 1980 年代之後，世界的經濟終於從石油危機引發的不景氣
中逐漸復甦，國際線及國內線的運輸量都有明顯的增長。加上第一、
第二代噴射客機已經到了必須汰舊換新的時候，更因為科技的進步，
具有良好經濟性的機身和材料等的開發也有相當程度的進展，間接促
使航空公司提早更換新機；基於這些理由，於是就出現了巨無霸客機
的改進型，波音-757、767 型、空中巴士 A-310、320 型等第四代噴
射客機。

　　第四代噴射客機除了為提升經濟效益而選用燃料消耗率良好的
引擎外，由於引擎的高可信賴度已經在第三代客機的運行中獲得實
證，因此幾乎都由原來的三引擎、四引擎改為雙引擎，並且以數位化
電子技術把飛機的操控方式完全自動化。雖然第四代客機的載客量和
機身尺寸都要比第一代的四引擎客機大，可是第四代客機只需兩名駕
駛即可勝任所有的飛行操控工作。此外，大量使用具有新成分的鋁合
金或鈦金屬及複合材料構成輕量而耐用的機身、提升自動降落性能以
使全天候航運成為可能、藉由增加安全性及確保準時航運等的方法來
提升經濟效益等，都是第四代噴射客機進步的地方。由於這些改進也
曾實施到波音-747 巨無霸客機上，因此載客 500 人、或是續航距離

15,000 公里的巨型客機也只需兩位駕駛即可運行。不過,即使硬、軟體設施已經進步到這種程度,環視全世界也很難找得到能夠滿足巨無霸客機所需的運輸量,反過來雙引擎的波音-767 又無法消化許多航線的運輸需要。為了填補這個空隙,空中巴士及道格拉斯公司又分別推出了 A-330/340、MD-11 等中大機型;而為了搶占這些機型的市場,波音公司也開發了大型雙引擎的波音-777 型機。這些具有良好經濟效益而性能優異的客機,已經陸續投入航運市場中,並將成為二十一世紀初葉各家航空公司的主力機型。

8. 關聯郵票介紹

接下來介紹和前述幾種客機有關的郵票。1946 年 9 月 25 日,美國發行了 1 枚面額 5c 的航空郵票(圖 19-1),圖案繪有飛行中的 DC-4 型客機。1997 年 3 月 11 日,瑞士為了紀念開辦瑞美間北大西洋航線五十週年,發行了 1 枚面額 180c 的郵票(圖 19-2),上面繪有飛行中的瑞航 DC-4 型客機和北大西洋圖。1960 年間,智利曾經發行一套 6 枚的航空郵票,其中面額 200p 者(圖 19-3)繪有 DC-6B 型客機。洛克希德「星座」式客機是具有美麗的曲線、很受飛機迷喜愛的飛機。印有「星座」式客機的郵票也比較多,這裡選擇兩種介紹:古巴在 1953 年 5 月 22 日發行了一套 4 枚、圖案同為「星座」式客機

圖 19-1

圖 19-2

圖 19-3

的郵票，此處選用面額$5.00 的 1 枚(圖 19-4)。位於印度西南海上的島國馬爾地夫曾在 1994 年 12 月 31 日，發行了一套 6 枚加小全張 1 枚，以各種客機為圖案的郵票，其中面額 Rf3 者(圖 19-5)繪有美麗的「星座」式客機。英國維克斯「子爵」式客機是第一架實用的渦輪旋槳式客機，由於震動低、噪音小、營運費用低廉，因此很受旅客及航空公司的喜愛；中華航空公司早期也曾購買好幾架，用於飛行東南亞及國內航線。位於中歐的奧地利曾在 1958 年 3 月 27 日發行了 1 枚面額 4s 的郵票(圖 19-6)，上面印有「子爵」式 800 型客機和奧地利的地圖。

　　第一代噴射客機的代表機型是波音-707。位於西印度群島的安提瓜‧巴布達曾在 1989 年 5 月 29 日發行了一套 8 枚加小全張 2 枚的郵票，其中面額 40c 的郵票(圖 19-7)繪有波音-707 型客機。南美的哥倫比亞曾在 1966 年間發行了一套 9 枚客機郵票，其中面額 3p 者(圖

圖 19-4

圖 19-5

圖 19-6

圖 19-7

圖 19-8

……大量運輸時代的來臨……

19-8)繪有比 707 略為小型的波音-720B 型機。和前述安提瓜‧巴布達同一套郵票中，面額 10c 者(圖 19-9)繪有新生的「彗星」4 型機。1961 年 7 月 1 日，我國曾經為紀念民用航空四十週年，發行了 1 枚面額 10 元的郵票(圖 19-10)，上面繪有民航公司的康維爾 880 型客機。

　　1967 年 11 月 24 日，中非共和國曾經發行一套 6 枚飛機郵票，其中面額 500f 者(圖 19-11)繪有飛行中的「卡拉維爾」型客機。1982 年 2 月 10 日，直布羅陀曾經發行了一套 15 枚以民航客機為主題的郵票，其中面額 5p 者(圖 19-12)繪有波音-727 型客機。1985 年 4 月 30 日，格瑞納達附屬地曾為國際民航組織成立四十周年發行了一套 4 枚加小全張 1 枚的郵票，其中面額$1.10 者(圖 19-13)也繪有波音-727 型客機。1994 年 4 月 26 日，牙買加為紀念牙買加航空成立二

圖 19-9

圖 19-10

圖 19-12

圖 19-11

圖 19-13

十五週年發行了一套 4 枚的郵票，其中面額 50 分者(圖 19-14)繪有
DC-9 型客機。馬爾地夫曾在 1984 年 11 月 19 日發行一套 4 枚加小
全張 1 枚的郵票，其中面額 7l 者(圖 19-15)繪有波音-737 型客機。

　　接下來介紹幾種和第三代噴射客機及超音速噴射客機有關的郵
票。1980 年 4 月 10 日，西德為贊助青年人的福利發行了一套 4 枚
的附捐郵票，其中面額 90+45pf 者(圖 19-16)繪有德國航空公司的波
音-747 型巨無霸客機。1984 年 12 月 7 日，印尼為紀念國際民航組
織成立四十週年，發行了一枚面額 275r 的郵票(圖 19-17)，上面也繪
有波音-747 型客機。1996 年 6 月 7 日，位於西印度群島的巴貝多曾
經發行了一套 4 枚的郵票，其中面額 10 分者(圖 19-18)繪有道格拉
斯 DC-10 型客機。馬爾地夫於 1984 年 11 月 19 日發行的郵票中，
面額 4R 者(圖 19-19)繪有洛克希德「三星」型客機。1985 年 6 月 21
日，位於西非的布吉納‧法索曾經發行一套 8 枚加小全張 1 枚的郵

圖
19-14

圖
19-15

圖 19-16

圖 19-17

圖 19-18

……大量運輸時代的來臨……

票，其中面額 500fr 者(圖 19-20)繪有空中巴士 A-300 型客機。

　　接下來介紹幾種和超音速客機有關的郵票。「協和」式客機是自由世界問世的第一架超音速客機，由於外形優美，因此有很多國家都發行了「協和」式客機的郵票。1969 年 3 月 1 日，英國為紀念「協和」式客機首飛，曾經發行了一套 3 枚的郵票，其中面額 4d 者(圖 19-21)繪有飛行中的「協和」式客機。前述馬爾地夫於 1994 年 12 月 31 日發行的郵票中，面額 25R 的小全張(圖 19-22)也繪有英國航空公司的

圖 19-19

圖 19-20

圖 19-21

圖 19-22

「協和」式客機。1987 年 4 月 30 日，北韓曾經發行了一套 8 枚與交通有關的郵票，其中面額各為 20j 的兩枚，分別繪有蘇俄屠波列夫 Tu-144 型超音速客機(圖 19-23)，和英、法共同開發製作的「協和」式超音速客機(圖 19-24)。

　　再下來介紹幾種和第四代噴射客機有關的郵票。前述牙買加於 1994 年 4 月 26 日發行的郵票中，面額$30 者(圖 19-25)繪有空中巴士 A-310 型客機。1991 年 11 月 18 日，位於南太平洋的斐濟發行了一套 4 枚的郵票，其中面額$1.40 者(圖 19-26)繪有波音-767 型客機。1994 年 3 月 31 日，新卡列多尼亞曾經發行一枚面額 90F 的自黏性郵票(圖 19-27)，上面繪有法航的空中巴士 A-340 型客機。1991 年 6 月 15 日，柬埔寨曾經發行一套 6 枚的郵票，其中面額 25R 者(圖 19-28)繪有麥唐納・道格拉斯 MD-11 型客機。1998 年 12 月 24 日，

圖 19-23　　　　　　　　　　　圖 19-24

圖 19-25

圖 19-26

……大量運輸時代的來臨……

位於加勒比海的安格拉曾經發行一套 2 枚加小全張 1 的郵票，其中
面額 1,000,000K 的小全張(圖 19-29)繪有新型的波音-777 型客機。

圖 19-27

圖 19-28

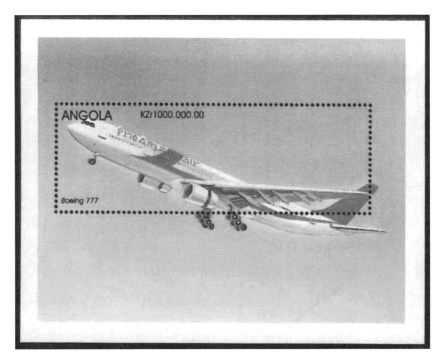

圖 19-29

七、百歲飛機是科技進步的結果

從萊特兄弟動力飛行成功到 2003 年，飛行的歷史正好經過一百年。和其他交通工具比起來，飛機是歷史最短而發展最為快速的一種。可是從 1980 年代開始，飛機發展的速度已經有逐漸減緩的趨勢；也可以說，受到各種技術的限制，航空的發展似乎已經很少有令人感到驚奇的特殊表現。因此如果針對下一個世代的飛機作預測，以目前的趨勢看來，似乎可以預知應當不會有比目前飛機有很大幅度的改變，或是飛躍般的改進。

在這裡，我想把飛機區分為軍用機和民航機，分別就它們的未來趨向作稍為詳細的探討。

首先是軍用機。在 1950~60 年代，戰略空軍是國家展現國力的表徵。超大國(美國、蘇俄)以威力強大的戰略轟炸機、不斷推陳出新的超音速戰鬥機、連攔截戰鬥機都難以追上的超音速偵察機，以及能夠攜帶核子彈頭的洲際飛彈等空軍武力相互較勁，展現國力。不過也由於這兩個超大國家的相互牽制，才沒有導致世界性的大戰，國際間的戰端只侷限於越南或中東等地區。1991 年以後，由於蘇聯共產體制解體，導致冷戰結束，大型戰略轟炸機不再受到重視，因此能夠在局地戰爭中機動作戰的武裝直升機和地面攻擊機等反而成了空軍戰力的重心。此外，為了躲避敵方雷達的偵測，以往戰機進入敵境的方式是以雷達無法偵測的超低空入侵；可是由於能夠躲避敵方偵測的所謂「匿踪」(Stealth)技術的進步，這種入侵的方式，今後可能只剩下巡弋飛彈仍然採用。這種施作「匿踪」手段的飛機，機身由一些非流線形的平面構成，這些平面的表面塗有能夠躲避敵方雷達電磁波的特殊塗料，飛機進攻時能夠躲避敵方雷達的偵測，而在神不知鬼不覺的情況下深入敵境，完成偷襲的任務。根據以往的經驗，性能良好的飛機

必定具有優美的外型；可是匿踪戰鬥機卻像繪圖用的三角板一樣，外型單調而欠缺飛機原有的美感。即使從空氣力學的觀點來看，也幾乎談不上具有能夠降低阻力的美麗線條。也可以說：在設計匿踪戰鬥機的外形時，設計者採取的態度是，為了達到躲避雷達偵測的目的，即使犧牲部分飛行的性能也在所不惜。美國洛克希德 F-117 型「夜鷹」(Nighthawk)式匿踪戰鬥機就是世界上第一架以這種思想設計的戰鬥機。這種思想同樣也曾應用在部分戰術直升機上，亦即為了躲避敵人的攻擊，儘量把機身做成很小，或是採用平面機身，以便減少太陽光的反射，減低被敵人發現的可能。

另外，在飛行技術方面，從二十世紀的九零年代開始，先進國家曾經進行了一些幾乎與現今想法迥異的飛行方式。例如，機首朝向前方卻能斜方向飛行，或是機首向下卻能水平飛行等所謂「操控性優先載具」(Control Configured Vehicle，簡稱 CCV)技術。這一種飛行技術已經在 F-16CCV 實驗機上進行了相當久的實驗，相信不久的將來，應用這種 CCV 技術的戰鬥機或攻擊機，必將出現在某些戰場上。此外，和英國豪克‧席德雷公司開發製造的「獵兔犬」(Harrier)式戰鬥攻擊機一樣，具有垂直起降(Vertical Take-off and Landing，簡稱 VTOL)性能的戰鬥機或攻擊機，也將由於引擎及機身材料的改進，以及操控技術的電腦化等，會有比現用機型具有更好性能的飛機出現。這些性能良好的 VTOL 戰機也將和戰術直升機互補不足，活躍於日後的戰場上。

接下來介紹幾枚和匿踪戰鬥機及 VTOL 戰機有關的郵票。1999年間，位於非洲東南方海洋中的科摩洛島曾經發行兩組 3 枚連刷的郵票，其中面額 375FC 中的 1 枚(圖 20-1)是以 F-117A 匿踪戰鬥機為圖案。位於中美洲的貝里茲曾在 1993 年 4 月 4 日發行一套 6 枚的郵

票，其中面額 50c 者(圖 20-2)繪有豪克・席德雷「獵兔犬」式 VTOL
攻擊/偵察機。1998 年 8 月 18 日，土克斯與開克斯島曾經發行一套
6 枚加小全張 2 枚的郵票，其中面額$2 的小全張(圖 20-3)繪有「獵兔
犬」式攻擊機在叢林中的空地起飛的情形。

　　至於民航客機方面，上一章所述的第四代噴射客機，在進行設計
時已經針對機身的構造、使用的材料和操控系統等作了充分的考量，
因此即使到了二十一世紀的二零年代，這些客機應當仍然可以

圖 20-1

圖 20-2

圖 20-3

……百歲飛機是科技進步的結果……

使用。而為了經濟和環保的考量，今後問世的民航客機大體上仍然會把飛航速度維持在次音速(音速的 70~90%，也就是 0.7~0.9 馬赫)的範圍內。雖然在飛行速度上沒有明顯的改變，今後的新型機種必將以更經濟、更安全、更舒適等作為競爭的手段。不過，作為民航客機的製造廠，當然也會和軍機製造廠一樣，為了維持及提升技術水準，或是為了延續公司的生存，仍然需要致力於現用機型的改良和嶄新機種的開發上。根據一些新聞媒體的報導，美國波音公司原先計畫開發能夠載客 525 人的波音-747X 超大型客機，後來由於預定購買的情形不如理想，因此暫時予以擱置，轉而發展體積較小，更現代化而飛行速度接近音速的「音速巡航者」客機計畫。這種近音速客機的航行速度大約在 0.95~ 0.98 馬赫之間，載客量約在 200 人左右，不過由於航空界對這一種機型的需求不如預期，訂購量不多，因此未能實現。

　　此外，另一個民航客機的巨擘，法國空中巴士公司也在二十世紀末發表決定開發 A-3XX 型超大型客機。這種空前巨大的客機，機身分為上、下兩層，能夠容納乘客 600~1,000 人，航程達 15,000 公里，可從亞洲直飛歐洲各主要據點及美國西岸，可是這種飛機由於機身龐大，實現之後難免衍生出許多新的問題，例如機場跑道的寬度和停機坪的大小、航站大廈的吐納處理能力，機場附近產生的噪音以及超大型客機飛臨頭上時產生的壓迫感等，必須預先克服解決的問題非常多而且廣泛。2005 年 1 月，這一種超大型客機以空中巴士 A380 之名正式問世。早期營運的有新加坡航空、阿聯酋航空等擁有廣闊機場的航空公司。可是營運之後發現由於 A-380 耗油過大，而且雖然座位數增加，但是對等航線的發展和通過航空樞紐出行的人數並未明顯增長，A-380 往往無法滿載，很難獲得令人滿意的酬載，在訂單無法增長之下，2020 年 9 月正式停止生產。

　　誕生至今僅有一百多年的飛機，已經帶給人類許多的方便，也對人類的生活造成很大的影響。目前雖然在技術上稍有停滯，可是隨著科技的進步，這些問題必能逐一獲得解決，更快捷、更安全、更舒適的客機也將陸續問世。科技的進步帶來許多上一代人無法享受的方便和舒適，吾人生在這個時代，真是何其有幸！

2021 年 5 月，在新冠肺炎疫情延燒下完成

孫　正　明

後記

　　在我的生命中，飛機是我成長時期的維生素，也是我成人以後工作中不可或缺的營養品。我把飛機當作生活中的調劑物，生命裡獲得愉悅的外遇密友。它是我快樂的泉源，也是我恢復疲勞的靈藥仙丹。

　　我從小就喜歡飛機，只要聽到轟轟轟飛機飛過的聲音，我就會抬頭尋找飛機的蹤影，可是在我小的時候飛機的數量實在很少，就算有也只是性能不是很好的老飛機而已。在我六歲那一年，我曾隨著外祖父前往新竹老湖口的山坡地為日軍構築防禦工事。當我按照外祖父的吩咐在工地附近的樹蔭下休息時，遠處突然傳來轟隆隆的巨大聲響，接著是一陣噠噠的機槍聲，我抬頭看到幾架雙機身、德國人稱為"雙胴的惡魔"的美軍 P-38 型「閃電」(Lightning)式戰鬥機從前方上空急馳飛過。當時看到這個情景，曾在我小小的心中興起一陣既恐懼又興奮的感覺，即使七十多年後的現在，都還清楚記得，難以忘懷。

　　1955 年 7 月某日傍晚，我考完大專聯考後無所事事，坐在湖口

鄉新湖國小的操場旁觀看武俠小說。突然聽到一陣巨大尖銳的響聲，然後看到兩架閃閃發亮、外型精美的噴射飛機從天際急馳而過。後來才從報紙得知是兩架新近由美國軍援我國空軍、由美國空軍 F-80 型「射星」(Shooting Star)式戰鬥機改成雙座的 T-33 型教練機。它那精悍耀眼的外形再度擄獲我的心，帶給我極大的鼓舞和震撼。

　　我的這種喜愛飛機的情懷，後來發展成購買一大堆航空雜誌，以及各種飛機專輯的沉迷行為。在長期購買及閱讀這些雜誌和書籍的情況下，我對航空的發展和飛機的結構、性能等都有相當程度的瞭解，特別是我在大學四年級的課程中曾經選修秦大鈞教授講授的「航空工程」，對於飛行的原理和飛機的結構等都有進一步的理解，因此也變成了標準而道地的飛機迷了。

　　這本書是一個飛機迷在一邊工作，一邊根據平日收集與航空有關的資料予以整理，以淺顯易懂的詞句，有系統的把人類飛行的歷史和航空的發展加以說明，再輔以作者平日到世界各地購買收集和內容有關的郵票，以增加可讀性；這本書也是作者工作之餘交出來的成績單，希望能夠藉由它的出版帶給愛好飛行、喜歡飛機的朋友，以及一般民眾對飛機和航空有更深入的認識。

　　本書能夠出版，特別要感謝我的家人的協助和鼓勵。

主要參考資料

1. Aircraft～From Balloons To Jumbo Jets～
   By John W.R. Taylor--Bantam Books, Inc. New York
2. History Of Aviation～
   By John W.R.Taylor And Kenneth Munson--Octopus Books
   Limited, London
3. The International Encyclopedia Of Aviation～
   By David Monday--Octopus Books Limited, London
4. Pictorial History Of Aircraft～
   By David Monday--Octopus Books Limited, London
5. Guinness Book, Air Facts & Feats～
   By John W.R.Taylor, Michael J.H. Taylor, David Monday--
   Bantam Books Inc. New York
6. Combat Aircraft In Action, Serial--
   Squadron/Signal Publications, U.S.A.
7. 世界の翼 1952-1957 年版，世界の航空 1958-1961 年版，世界
   の翼 1962-1982 年版--日本朝日新聞社編
8. 航空情報 1958 年 1 月-1978 年 7 月--日本(株)酣燈社出版
9. 航空ファン 1979 年 5 月-1981 年 12 月--日本(株)文林堂出版
10.航空ジャーナル 1976 年 1 月-1988 年 6 月--
   日本(株)航空ジャーナル出版社出版
11.週刊 Aircraft，No.1-No.204--日本(株)同朋社出版
12.飛行機の切手～木村秀政著--日本丸の内出版
13.其他

 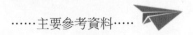